译文坐标

买房让日本人幸福了吗?

マンションは日本人を幸せにするか

〔日〕
榊淳司
|
著

木兰
|
译

上海译文出版社

目　录

前　言
楼房给日本人带来的正负面影响

对于日本人来说，"楼房"是什么呢？

这个朴实的问题就是本书的出发点。

对于日本人来说楼房是什么？或者说，楼房给日本人带来幸福了吗？

我先举几个令人遗憾的数字。

日本三十、美国五十五、英国七十七。

这是"住宅建后平均使用寿命的国际比较"，来自国土交通省的推测数据。简单来说，就是指住宅从建成到拆毁所经历年数的国际间比较。相对于日本的三十年，美国是五十五年，而英国是七十七年。

日本的住宅，包括木造的独栋住宅和钢筋混凝土的楼房在内，平均经过三十年左右就会被拆毁。请回想一下你身边的情况，你出生时的房子在哪里？现在怎么样了？想必很多人会说自己出生时候的房子已经被重建了吧。四五十岁的人，估计大多数小时候的家已经不复存在了。

为什么日本的住宅这么快就被拆掉重建了呢？

理由有很多。

首先，在坚固的钢筋混凝土楼房诞生以前，日本的住宅主要是木结构。据说欧洲人形容它是"用纸片和木头做的"。

的确如此。更准确的说法是"用纸片、木头和土做的"。这就是传统的日本房屋。

欧洲城市多为石头和方砖建造的住宅。在巴黎，两百年前的楼房至今还功能完好，仍有人住在里面。为什么日本就没有诞生出石头和方砖造的房屋呢？

原因在于气候和地震。

首先，日本的气候高温多湿，夏天如果不借助空调，高气密性的住宅是无法住人的。在没有空调的时代，如若住在这种房屋里，冬天倒是暖和，可是夏天就太热了。

吉田兼好在《徒然草》中写道："建造房屋要以夏天为中心。冬天哪儿都能住。热的时候，密不透风的住宅令人难以忍受。"大约从七百年前开始，对于日本人来说，房屋建筑就是以"适合夏天"为标准。冬季的严寒除了忍耐，别无他法。

司马辽太郎在《历史中的日本》中的《日本人的随意性》一文中，写有这样一段话："我时常想，如果劝说 18 世纪的英国工人住进日本的皇宫，然后冬季领他们去京都的御所或者江户城的将军府的话，不出三日他们就会落荒而逃，宁可选择住在伦敦的廉价楼房里。"

二十二岁之前我也曾住在京都的木造房屋里，因此深有体会。适合夏季的日本木结构的房屋，冬天过于寒冷。然而，适合冬季的密闭房屋，夏天又离不开空调。

其次，地震的影响也很大。

日本有地震，而欧洲几乎没有地震。

石头或方砖建造的房屋，因地震倒塌的可能性很大。石头和方砖一般要一块一块抹上水泥，堆砌起来。有的房屋连足够结实的柱子也没有，一旦发生地震就很容易倒塌。因此这种房屋不适合地震多发的日本。

要说战国末期的造城名人，当属丰臣秀吉。虽然没有现存的实物，但听说大阪城、聚乐第、伏见城都十分壮观。然而，在 1596 年庆长年间的伏见地震中，秀吉所建的伏见城天守阁一夜间被夷为平地。据推测它的地基就是由石头砌成的。

日本人喜欢木造房屋的另一个理由似乎是"喜欢新房子"。

欧美人在住宅方面不像日本人这么喜新厌旧。这是有统计数据为证的（图1）。

日本销售的房屋主要是新房，而美国、英国以及法国一般是二手房。英国出售的房屋中有86%是二手房。美国也占90%。这种倾向在其他欧洲国家应该也是一样。在欧美，新婚夫妻买的一般都是二手房。

与此相比，在日本80%的人买的都是新房。日本人喜欢新房的程度非比寻常。对于拆毁重建房龄在三十年左右的房屋，他们没有丝毫的犹豫。换言之，日本人一直在建造三十年左右就破败得不能住人的简易房屋。这是为什么呢？

我想"宗教"可能是原因之一。

伊势神宫对于日本人来说是所谓的圣地之一。这个神宫每二十年就要举行一次"迁宫"，即把大殿推倒，换地方重建。如此华丽的宫殿二十年就要毁掉，从常人来看着实可惜。然而，据说这是7世纪后期定下的规矩。

神道的信仰真是匪夷所思。它没有不许这样、不许那样的清规戒律，只是一味地要求人们"保持洁净"。

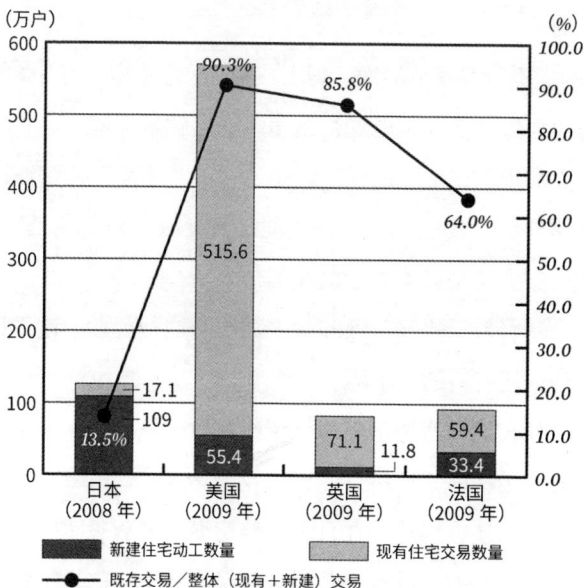

图1 二手房流通份额的国际比较

（资料）
日本：住宅及土地调查（2008年）（总务省）
　　　住宅动工统计（2009年）（国土交通省）
美国：Statistical Abstract of the U.S. 2009
英国：地区政府（URL http://www.communities.gov.uk/）
　　　（现有住宅流通户数仅指英格兰和威尔士）
法国：城市住宅及运输部（URL http://www.equipment.gouv.fr/）

（注）1. 英国：住宅交易数量中包含新建住宅的交易数量，因此从"住宅交易数量"
　　　　　中减去"新建住宅数量"就是既存现有住宅交易数量。此外，住宅交易数量
　　　　　以交易金额在4万英镑以上为准。另外，数据调查机构HMRC推测，根据
　　　　　这个数值，约有12%的人从调查对象中漏掉。
　　　2. 法国：将每个月的现有住宅流通量换算成年值，再取其平均值作为年度现有
　　　　　住宅流通量。

根据国土交通省《促进以及活用中古住宅流通研究会》的参考资料（2013年6月）

5

无论是身体还是房屋都要保持洁净，当然神社内也不例外。

"新"即等于洁净。"旧"就等于"不净"。不净的东西经过"被濯"就变得洁净了。这就是神道。

套用在住宅上的话，就是老化的"不净"住宅通过重建这一"被濯"仪式，就能摇身变成新建的"洁净"住宅。这就是日本人价值观的根本所在。

基督教、伊斯兰教和犹太教没有这种观念。这是日本神道所特有的价值观。

而在这样木造房屋每三十年就要重建的日本，钢筋混凝土结构的"楼房"开始普及。

后面还会详述，在日本，楼房诞生的历史实际上只有六十年左右。在有记载以来已经有几千年的日本建筑史中，它的存在还只是短短的一瞬。仅有极少数的日本人，在楼房里出生，又在楼房里寿终正寝。对于日本人来说，楼房还是新型住宅。

起初，很多日本人认为钢筋混凝土的楼房与迄今为止的木造房屋一样，即"过了三十年就应该重建"。

我涉足楼市约有三十年。刚入行的时候，一听说"房龄二十年"，就有一种相当老旧的感觉。然而，如今则不然。现在听到"房龄二十年"，还觉得"不是还挺新的嘛"。"房龄十年"那简直就是"不次于新房"了。

现在市面上有很多房龄三十年或四十年的二手房。我也因为工作缘故，看过很多房龄在三十年以上的楼房。这些房子如果能将房屋内部好好装修一下，也是不亚于新房的。

关于楼房的使用年限，十年前好像说是"三十年到四十年"，现在常被说成"五十年到一百年以上"。在日本人的意识中，楼房的寿命的确变长了。

对于日本人来说，楼房破坏了日本人在几千年的木造住宅史中培养出来的"三十年重建"的观念。然而，仍然有很多日本人用这一观念去看待老旧的楼房，认为它们"应该被重建"。

不过，在今后的时代里，对于楼房这种"三十年重建"的意识应该会逐渐减弱。就像世间精神矍铄的老年人越来越多一样，即使年代久远也依旧发挥余热的楼房也会越来越多。

为了撰写这份稿子，我走访了世界著名建筑家槙文彦设计的代官山集体住宅建筑群。这个建筑群是一个由集体住宅和商业店铺构成的综合街区。它始建于 1968年，完工于1998年，位于东京都涩谷区猿乐町、钵山町，面向旧山手大街。

对于学习建筑的美国研究生来说，它在世界建筑师们甄选的"值得一看的世界住宅建筑"清单上名列第二。在住宅建筑的世界里，它是享誉全球的建筑。

这个集体住宅建筑群是基于1967年的"代官山集体住宅计划"，由槇文彦先生设计建筑而成的。也就是说，它是作为住宅楼开建的。

我采访了大楼所有者朝仓房产社长朝仓健吾先生。

"现在作为住宅使用的约有二十户左右。小学生加上中学生，有十人左右吧。"

据说这里最初是作为住宅建造的，后来随着办公室和商业店铺的增加，变成了现在这种形式。

"虽然经常有人问起，但是我们没有什么特殊的设计理念。只是随着时代的变化而变化，就成了这副模样。"

迄今为止他接受了很多采访，经常被问到"设计理念是什么"的问题。

有一种观点认为，城市能够持续繁荣，需要一个合理的设计理念或者建筑师的思想。但这样的看法是有点武断的，因为即使一开始设定这种理念，随后也会被时代所抛弃，走向没落。这种城市比比皆是。

时代所需要的是，即使几十年过去了，人们仍旧想要居住其中的"魅力"——把它称为"普世性"也未尝不可。

代官山集体住宅建筑群就具有这种意义上的"普世性"。

那里并没有令人感动的某种东西，也没有令人赞不绝口的雕塑，甚至没听说从这里诞生出了某种建筑样式。

硬要说有的话，那就是这个街区很纯粹。它非常舒服，没有强加于人的感觉，也不盛气凌人；虽然没有架子，但也不算保守，更没有装腔作势，能让行路人神清气爽。代官山就是这样一个地方。

代官山集体住宅的房龄短的不到二十年，长的有四十多年。如果是普通楼房的话，就算提出重建也不足为奇。然而，没有人考虑要重建此地。当然，朝仓房产应该更是丝毫没有这种想法。

建后三十年就因老化严重而被重建的楼房并不少。

而代官山集体住宅再过三十年想必也会风采依旧。它仍然会是让很多人"想要居住"的地方。人们只要真正住在这里，能够获得深深的满足感，这大概就是所谓的普世性吧。

这个集体住宅不但展示了在日本扎根的"住宅楼"的最辉煌的一面，还构筑出了日本人与楼房之间的最为理想的关系。

本书想要正视楼房这一住宅形态给日本人生活带来的"正负两面"的影响，然后寻找出让楼房能持续造福于日本人的方法。

第一章
买房让日本人走向幸福了吗？

危机中的楼房

我涉足"房地产"足有三十年了。

最初的二十几年是制作广告，后来成为记者。

作为记者，我是站在高度接近购房者（消费者）的立场和视点出发撰写文章，发表言论，有时也会对房地产开发商（供给方）进行尖锐的批评。

同时，我也观察楼市，进行各种分析和预测。关于楼市泡沫的产生、见顶和破灭也是知无不言，言无不尽。

如果我发出了"楼市泡沫即将破灭"的信号，开发商想必会很不高兴。但是，看见了破灭的兆头，对购房者做出提醒，告诉他们"现在不是买房的时候"，也是我的工作。

本书的目的不是讨论关于现在的楼市泡沫何时破灭。不过，在楼房与日本人的关系中，楼市泡沫起到了什么作用，关于这一点我会在后面再做考察。

很多媒体不时会巧妙地利用我作为记者的这一立场。比如，当电视台、报纸和杂志想要得到严厉抨击楼市和开发商的意见时，就会主动上门来找我，导致我常被误解为对楼市和楼房本身持有否定意见。但是，对我来说，"房地产"是我受益三十年的商业领域。虽然我的基本立场是站在消费者一边，但是从没想把这个行业当成敌人，我只想向从业者提供有意义的信息和建议。

实际上，我认为"楼房"这个居住形态，今后会迎来巨大的危机。在今后的时代里，让日本人走向不幸的楼房或许会越来越多。我这种不祥的预感愈发强烈。

然而，从"楼房"这个庞大的领域来看，这不过是其中的一小部分。应该还有找出解决方案的希望。只是不容乐观。如果"楼房"有使命的话，那就是让居住的人获得幸福。这三十年来，看过数以千计楼房的我，一直在思考这样的问题：

"买房让日本人幸福了吗？"
"买房今后也会让日本人幸福吗？"

回答当然是"Yes"。必须是"Yes"。而且必须一直是"Yes"。

因为今后楼房的数量还会不断增加。对于居住在城市的日本人来说，主要的居住形态就是楼房。今后这个倾向也会进一步增强。

所以，楼房必须是让日本人幸福的居住形态。

然而，现实情况又是如何呢？

大多数日本人应该是满足于住在楼房里。而且，今后住进楼房的人们应该也能过上幸福的生活。

楼房改变了日本人的生活

然而，我仍然感到不安。

如前面所述，日本人习惯于楼房这一钢筋混凝土居住形态还不满六十年。而且，几乎所有的楼房都是最近五十年内建造的。

现在仅是商品房，日本全国就有六百多万套存量。UR 都市机构（独立行政法人都市再生机构）和自治体主管的住宅公社等所有的公共租赁房就有大约三百万套。民间租赁房据推测也有一千万套左右。日本现有一千九百万到两千万套"住房"，住在那里的人约有好几千万。也就是说，大部分日本人都住在楼房里。

可是，六十年前在钢筋混凝土的集体住宅里生活的日本人，最多也就几千人。因此，这六十年来，说是楼房让日本人的生活发生了翻天覆地的变化也毫不为过。这个变化非常大。但是，很多人没有注意到楼房让日本人的生活方式发生何等变化。

楼房让日本人住进了城市。

楼房让日本人有了自己的家。

楼房推动了日本的小家庭化。

楼房导致了日本少子化[1]。

楼房既是日本人的资产，也是负债。

楼房给日本人植入了"区分所有"的概念。

楼房让日本人创建了强制加入的业主委员会。

楼房向日本人提供了高气密性、高绝热的住宅。

楼房让日本人习惯于使用空调。

楼房让日本人习惯于高层生活。

---

[1] 指生育率下降，幼年人口逐渐减少的现象。——译者（本书注释均为译注）

以上是我想到的"楼房给日本人生活带来的变化"的主要内容。读者中或许会有人对其中的几个变化抱有疑问或感到不明，我会在下文中对这些主张的依据以及详细内容依次进行说明。

住楼房的风险

楼房对于日本人来说是一个相当新的居住形态，很多人没有注意到一件重要的事情，那就是住楼房也存在各种风险。当风险暴露出来时，就会夺走居民的幸福。

举个简单的例子，2005 年曝光的"抗震强度伪装事件"和 2015 年发生的"横滨公寓楼倾斜问题"等，都让迄今为止对此一无所知的购房者和居民陷入了深深的不安。特别是"抗震强度伪装事件"使本以为是资产的楼房变成了巨额负债。

此外，即使不是这种重大事件，也会时常因房屋质量问题而发生邻里纠纷。即便没有这个问题，楼房也会随着岁月的流逝日益老化，作为资产价值越来越低。如果管理不善，还有可能沦为贫民窟或废墟。而且，一旦到了要出手的时候，很有可能根本卖不上好价钱。

也就是说，楼房本来应该是给住户带来幸福的场所和设施，但也极有可能起的是反作用。

何谓"楼房"？

现在我们已经很随意地在日常中使用"楼房"一词，但这个词的原意并不被人们所熟知。

我用手头的 1991 年第四版《广辞苑》查了一下"楼房"一词，上面这样写道：

大型宅邸之意，多用于中高层集体住宅的俗称。

我记得在 1991 年时，"楼房"这个词已经完全融入日本社会，因此应该没有人对于其大致是指钢筋混凝土的集体住宅一事提出异议。但是，为什么规定其为"俗称"呢？

日语中以片假名标识的"楼房"（マンション）来自英语的"mansion"一词，英语中的原意是指从宅院的大门到建筑物的入口有几百米这样的"大型豪宅"。不过，现在的英国好像同日本一样，也管城市里的普通住宅楼叫"mansion"。不过，以英语为母语的人听到"mansion"一词，首先想到的应该是宏伟壮观的宅邸，

而不是日本国内每天被分户销售的七十五平方米的三室
一厅。

彰显高级感的词——"公寓"[2]

日语中的"楼房",或者说"公寓"一词,是房地
产开发商为了显示高级感,从 1960 年左右开始使用,
后来成了固定用语。

20 世纪 60 年代是日本楼房开发的黎明期。当时建
的很多楼房的名称都是"某某公寓"。可是到了 80 年代,
"某某公寓"的命名就完全看不到了,出现的都是"某
某家园"或者"某某寓所""某某雅居"之类的名字。
最近"某某公馆"也变得多起来了。"公馆"一词原本
是指田园调布或者芦屋一带常见的高级宅邸,所以说到
底还是夸大其词。

现在更是花样百出。比如,听到"杜克斯·图尔斯"
(Deux Tours)一词,你不会想到这是公寓大楼,反而

---

[2] 日语中的"マンション"可译为"公寓"或"楼房",该住宅形态相当于
中国的普通商品房,一般译为"楼房"为宜,但本小节主要解释该词语源
特色,故将其译为"公寓"。除本节外全书都将该词翻译成"楼房"(个
别公寓名称除外)。

会误认为是连锁咖啡店。可这其实是建在预定 2020 年启用的东京奥运村附近的两栋塔楼公寓的名称。"Deux Tours"是法语，据说英语是"Twin Towers"（双子塔）。几乎所有人都不明白这个词是什么意思，而且用片假名标识，不但键盘输入起来很麻烦，口头解释也有难度。

房地产开发商有种不良习惯，那就是想把自己卖的东西包装得过于高级。而且，比起在设计与装潢上下功夫，他们更倾向于在广告上彰显高级感，真是本末倒置。只要能卖掉楼房，即使多少有点夸张，或者让购房后住在那里的人们觉得不好意思，他们也完全不在意。他们的想法很简单，就是为了卖房，所以只要看起来"炫酷"就好。房地产开发商这种随心所欲的想法之肇端，就体现在"公寓"一词。

说起来，开始把钢筋混凝土造的集体住宅称为"公寓"，就走错了致命的一步。

遗憾的是，作为夸大性广告用语的"公寓"一词，最终还是作为日语的一个词完全固定了下来。在向以英语为母语的人们解释说，"公寓"一词在日本是指钢筋混凝土造的集体住宅，很多日本人会非常难为情。在这一意义上，五十年前的房地产开发商们可谓罪孽深重。

这大概是为 1991 年版的《广辞苑》撰写"楼房"词条的人，将这个词解释成"俗称"的原因。而且，房地产开发商这一"伪装高级感"的传统被继承下来，如今也继续向世间输送像"杜克斯·图尔斯"这样稀奇古怪的名字。

但是，本书也不得不使用"公寓"这一起源于夸大性广告的词语，因为它已经深入人心。很多日本人听到这个词所想到的意象几乎都一样，特别是在现在的日本，已经找不到比"公寓"更合适的词语了。

它给人的印象是"钢筋混凝土造的三层以上的集体住宅"。准确来说，不只是"钢筋混凝土造"，还有"钢框架钢筋混凝土造"或者"钢框架造"的住宅。社会上把分户出售的楼房定义为"公寓"的地方较多，本书的"公寓"是指包括租赁房在内的所有"钢筋混凝土建造的三层以上的集体住宅"。也就是说，不分商品房和租赁房，这里讲述的是广泛意义上的"公寓"。

为了解决住房不足而大量兴建的"新村"

前言中介绍过的代官山集体住宅建筑群，以及后述的从大正末期到昭和初期建造的同润会公寓，都代表了日本住宅文化中比较积极的一面。除了这两个楼房以外，还有很多让人感到明亮、清爽，让日本人引以为傲的楼房。

然而，比起文化沉淀，现在包括租赁型楼房在内的日本大部分楼房，都是在以"赚钱"为第一目标的前提下问世的。这个倾向在今后大概也不会改变。

这一事实符合近代日本住宅史的大趋势。

原本，战后的钢筋混凝土集体住宅就是出于实用目的而诞生的。1945年第二次世界大战结束后，日本全国住房缺口为四百二十万套。即使在技术发达、可以大量建筑房屋的当下，每年新建住宅动工数量也就一百万套左右。而当时最多也就四十万到五十万套，所以可以推测这样的住房紧张持续了好几年。

最终，日本从战败后的废墟中站了起来。随着城市化的浪潮，人口开始从村镇大量涌入城市。大城市周边的住房紧张问题也理所当然日趋严重。

现在的 UR 都市机构的前身日本住宅公团诞生于1955年。1962年人们开始入住日本第一座大型新城——千里新城。随后，1971年东京的多摩新城也开始开放入住。钢筋混凝土造的集体住宅当时被称为"团地"（即小区），据说这是"集团住宅地"的略称。如前所述"公寓"一词出自房地产开发商夸大其词的广告，后来被保留下来，而"团地"则作为正式名称，现在也依然在《建筑标准法》等中使用。

想要在有限的土地上建造出更多的住宅，钢筋混凝土造的多层建筑手法十分奏效。日本全国"新村"遍地开花，其中就包括了大量的"团地"。起初，开发这种团地的主体是日本住宅公团和各自治体的住宅供给公社。再重复一次，当时还是"团地"，不是"公寓"。不久，它的主体从公共机关转向民间，民企开始争先恐后地开发楼房。这是为什么呢？

理由只有一个——为了赚钱。现在楼房所陷入的危机也正是这个赚钱优先主义选择带来的最终结果。

楼房推动了小家庭化和少子化

言归正传，楼房这个居住形态的出现与普及，的确大幅度改善了日本国内的住宅状况。

战前，三世同堂的大家庭是极其普遍的。这种居住形态并非出于个人偏好。因此，当楼房这种可以大量生产的居住形态出现后，大家庭分裂成为可能，年轻夫妇开始不断自立门户。

依我个人见解，如果过去的日本人真喜欢大家庭生活的话，即使楼房大量出现，小家庭化这一社会现象依然不会出现。冷静观察就会发现，发明楼房这个居住形态之前的日本社会，住房情况还是相当紧张。

而且，小家庭化同时也导致了少子化。

其理由是，小家庭生活在楼房里，母亲就必须亲自照看年龄较小的孩子。过去有一种老话叫"奶奶带大的孩子不值钱"，意思是指奶奶带大的孩子容易被娇惯，变得任性。如今听不到这种说法了，因为社会上"被奶奶带大的孩子"数量锐减，也就是孩子跟奶奶一起住的情况急剧减少。

其中一个原因是三代人同住在一个房屋里，空间太窄。另一个原因是儿女的住房离老人的住处距离太远，小孩无法托付给奶奶或者其他同居的亲人照顾，或许就不能像以前那样生很多孩子。而且，日本人是一个"横向模仿"意识很强的民族。住在小区的家庭，如果四口之家是标配的话，人们就不会想成为五口之家，因为他们知道自家与邻居、对门的住宅面积都一样，周围都是四口之家，只有自己是五口之家的话，就会被人知道自己生活得很"局促"。

这么说来，小区爆发式增长的时代，不也正是日本人的同质化加速发展的时期吗？

"跟邻居一样"这个价值观和想法也使"孩子多"的家庭形态突然变得小众化。我个人认为楼房的普及对于日本的小家庭化和随之而来的少子化，负有不可推卸的责任。

如今从宏观角度来看这个国家的话，日本最大的问题是"少子高龄化"。但是，为了维持人口的增长，再重新回到大家庭时代的三世同堂的选项已经不复存在。楼房生活愉悦而舒适，隐私有保障，日本人已经深谙其妙。今后，想要在维持住楼房这个居住形态的同时提高出生率，就需要想出前所未有的新政策。

第二章
楼房的黎明期

日本楼房的原型

2015 年 9 月，曾经红极一时的女演员原节子去世了。她的代表作很多，首先当属小津安二郎导演的《东京物语》。影片中，原节子扮演的是"战死的二儿子的媳妇"纪子，她住在一个像合租房一样的地方，里面有公共走廊，还放有三轮车，非常平民化。

"打扰了，请问有酒吗？"

公婆来访时，纪子敲响了关系亲密的邻居家的门借酒，借酒的邻居还拿来了下酒菜，问道："这个要拿去吗？"

过去，在老百姓的邻里交往中，经常会相互借酒或酱油。但是，纪子住的地方不像是落语（日式单口相声）里出现的用薄板隔开的大杂院，却像是接近现代楼房的集体住宅。

《东京物语》是1953年上映的作品。当时，几乎没有像现在的楼房这样的居住形态。那么，原节子扮演的纪子，到底是住在哪里呢？

答案是被称为"同润会公寓"的钢筋混凝土造的楼房。

同润会是1924年用关东大地震的捐款创建的财团法人。它在东京和神奈川地区建造了名为"同润会公寓"的钢筋混凝土大楼，租给一般老百姓。同润会公寓分布在十六个地方，约有两千八百个居住单元。

这个同润会公寓正是现在被称为"公寓"的日式钢筋混凝土楼房的原型。

建造初期，同润会公寓是人人艳羡之地。

比如，现位于文京区大塚三丁目的"大塚女子公寓"，建成时，除了电梯、食堂、公共浴池、会客室、小卖部、洗衣室，还有音乐室、阳光房。当然，这在当时是最先进的住宅。对于有工作的独身女性——职业女性来说，是令人憧憬的居住设施。

几乎所有的同润会公寓都逃过了战火，第二次世界大战后也依然作为租赁型住宅对外出租。电影《东京物语》里出现的纪子的住处，大概也是其中之一。

影片中，纪子的住处，在当时看来是相当时尚、现代。特别是跟在平民区开诊所的长子和开发廊的长女的住处相比，用当时的话说是很"洋气"。

实际上纪子的生活虽然清苦，但很快活。邻里相处得也很和睦。

曾在同润会公寓住过的名人有坪内美纪子[1]、那达伊那达[2]、正宗白鸟[3]等。或许住在同润会公寓就是一种地位的象征。可以想象，到战后的某段时间为止，同润会公寓还保持着一种相当良好的管理状态，但是这一状态并没有长久持续下去。

1941 年，同润会公寓的运营从财团法人转为公共组织的住宅营团，战后又转给东京都政府。再后来，几乎所有的同润会公寓都卖给了居住者。也就是说，它不再是当初的租赁型住宅，而是变成了现在所说的"区分所有"式的普通住宅。

这种"转让"好还是不好，我尚未有定论。

---

〔1〕坪内美纪子（1940— ），女演员，代表作品有《嘉美拉 VS 深海怪兽吉古拉》《妖怪百物语》等。
〔2〕那达伊那达（1929—2013），精神科医生、作家、评论家，名字取自西班牙语 "nada y nada"，意为"什么都没有"。
〔3〕正宗白鸟（1879—1962），日本自然主义文学巨匠、戏剧家、评论家，著有《尘埃》《到何处去》和《泥娃娃》等作品。

2013 年，被视为最后一个同润会公寓的"上野下公寓"被拆除，结束了八十四年的"生涯"。

楼房的使用年限

很多人会问："楼房的寿命是多少年？"

其实并没有明确的答案。因为从世界范围来看，钢混造建筑物的历史最长也就一百五十年左右，而在日本是一百年左右。

在日本的钢混结构建筑物的历史中，始建于约九十年前的同润会公寓，可以说是最早期的建筑物。然而，所有的同润会公寓，现在都被拆除不见了，其中最长的也只存续了八十多年。假设留存至今，是否就会破损到"不能住人"的程度了呢？我表示怀疑。而且，如果第二次世界大战后不转卖给个人，而是保持原来的租赁形式，并加以适当的修缮或改建会怎么样呢？

2007 年自民党提出了"两百年住宅规划"的政策提案，以此为契机，2009 年开始实施了《关于促进长期优良住宅普及的法案》。关于钢混结构建筑的寿命有诸多说法，最近"一百年以上"的说法获得较多支持。

现在日本最古老的面向个人的民间楼房是东京都新

宿区的"四谷公寓"。它于1956年售出，房龄在六十年以上，目前还在住人。

可是很多房龄三十年左右的楼房就会被重建。这种楼房并非是破败不堪，不能住人。后面的章节中我还会详细介绍这一情况。简而言之，迄今为止在日本能实现重建的楼房几乎都是出于"经济上的理由"。也就是说，只有现有的业主可以在没有任何经济负担的情况下住进新建的宽敞房屋时，才有可能实现重建。楼房老旧到何种程度，反而是次要问题。

钢混集体住宅只要没有施工时的质量问题，差不多有一百年以上的寿命。但是，这并没有实际案例可以证明。这个历史必须由我们去创造。

《区分所有法》的诞生与现存问题

根据所有权关系，楼房可以分为两大类，简单来说就是"出售型"和"租赁型"两种。此外还有借地权，这个先暂且不表。

租赁型楼房的所有者一般是一个人或是一家公司，而出售型楼房（即商品房）的每个住户单元的所有权都不同，各住户的所有者被称为"区分所有者"（即业主）。

一个建筑物被几十人或者上百人分别所有，跟所有者只有一个的租赁型楼房相比，情况要复杂得多。

原本六十年前，日本没有区分所有制的楼房。前面提到的"四谷公寓"诞生于1956年，随后才渐渐地出现这种形态的商品房。

起初，商品房适用于民法的"共有"概念。但是，将民法的共有规定用于楼房这种产权结构复杂的建筑物时，就显得太简单。在管理楼房上，解释的余地太大，用起来很不方便。于是，1962年设立了以商品房为前提的特别法《建筑物区分所有法》（简称《区分所有法》），这已经是半个多世纪前的事了。

公平来说，这一法律还算制定得比较好。但是，用起来棘手的地方也很多。虽然经过多次修订，但法律主体还是基于1962年的原型，其根本的思想并没有改变过。

下面我将指出其中的几个问题点。

基于性善论的管理运营

这一法律规定了各区分所有者（业主）的权利与义务，制定了为了将整栋楼置于良好管理下的基本法则。

然而，该法问题就在于根子上多少有些过于偏向性善论，认为"不会有多少想要损害自己楼房资产价值的区分所有者"。

比如，在关于"管理人"即楼房业主委员会主任的规定上，《区分所有法》几乎没有预料到会出现主任会恶意运营业主委员会的情况。

我来介绍一个案例。这是发生在东京某个约有一百户人家的楼房业主委员会里的事。

"榊先生，救救我们吧！"

向我求助的是其中的一个业主，六十多岁的商人 T 先生，他买了一套房作为公司总部。

"S 主任把委员会占为己有，为所欲为啊！"

听到此话，我不禁一惊。

那座楼房建成约有十年。"3·11"大地震时多少有些受损，但程度不大，简单修缮一下即可。然而，六年前上任的 S 主任却召开了决定大规模修缮的临时业主大会，而且还委托给自己就任后更换的新物业管理公司。修缮费用约 1 亿日元（约合 600 万人民币）。由于业主委员会积攒的房屋维修基金不够，所以又从金融机构借了 3000 万日元。

接到求助的几日后，我走访了这栋住宅楼。无论怎么看，我也没觉得外墙有维修的必要。即便如S先生所说，有墙体脱落的危险，那也可以向作为施工方的大型建筑公司要求免费维修。再怎么说，也才建了十年而已。

然而，提交给临时业主大会的议案里，根本没有与施工公司交涉的痕迹。而且，在招标大规模维修工程时，也没有要求严格的报价表。仅以"平时对大楼非常了解"这一理由，物业管理公司就选定了施工公司。

仔细查阅了这个大规模修缮工程的内容后我发现，几乎都是外墙维修工程，最容易损坏的上下水管等工程完全不包含在内。我给建筑专家看了这方案，对方表示"最多也就三四千万日元吧"。

虽然没有证据，但是S主任与物业管理公司勾结的嫌疑很大。

而且在这个临时业主大会的其他议案里，还提到了"给部分住户安装门厅大门的工程"。这个"部分住户"包含主任在内，一共只有两家，很明显是被主任有意引向了对自己有利的方向。

当了主任就可以为所欲为

可是，在临时业主大会上，所有的议案都顺利通过了。

出席者只有十几人，虽然也出现反对意见，但是在住户表决环节，一百个表决权的投票结果，居然有八成以上赞成，就连必须有四分之三业主同意的变更管理规约的议案也轻而易举通过了。

S 主任利用住户托付给自己的委托书和表决权行使文书，投出了高达八成业主"赞成"的票数。

我这样向 T 先生提议道："首先，你去要求公开临时业主大会上行使代理的委托书和表决权行使文书。"

于是，T 先生的代理律师以自己的名义向业主委员会发出了要求公开委托书和表决权行使文书的通知。几天后，业主委员会的代理律师回信拒绝了这个请求。

《区分所有法》里没有必须公开委托书和表决权行使文书的规定，也没有监查委托书和表决权行使文书的规定。

也就是说，只要主任愿意，他可以随意操纵决议。不得不说，从这个案例就可以看出"主任不可能恶意运营组织"的想法是偏于性善论的一厢情愿。

几个月后，T 先生和其他业主根据《区分所有法》第 34 条第 3 项的规定"五分之一以上的区分所有者，拥有五分之一以上的表决权时，可向业委会主任请求公开会议目的等事项，召开集会"，要求召开临时业主大会。他们从二十多名业主那里拿到了同意书，议题是"罢免 S 主任和全体委员"和"选出新委员"。

于是，为了罢免 S 主任的临时业主大会开幕了。

S 主任也毫不示弱，宣布自任大会议长，并直接行使"全权委托议长"的委托书的权力，否决了罢免议案。当出席者提出异议时，业委会一方的律师宣称："法律没有禁止在罢免主任议案的临时大会上，主任本人不能成为议长，所以并不违法。"

事实上，业委会的律师说的并没有错。《区分所有法》第 41 条只规定了在集会上，除了章程上另有规定或者另做决议以外，业委会主任或者召集集会的区分所有者（业主）中的一人可以成为议长。

最终结果是 S 主任继续留任。

除此之外还有很多类似的案例。

2015 年 11 月曝光了一起案件。一个在新潟县汤泽地区的度假别墅业主委员会担任了数十年业委会主任的人，私吞了 7 亿日元的物业费、房屋维修基金。那栋楼房估计很长一段时间内都不能进行大规模的维修工程了。如果它在大地震中严重受损，还有变成废墟的风险。

之所以会发生这样的事件，也是因为《区分所有法》里没有预防业委会主任恶意行为的规定。

就结果而言，《区分所有法》造成了现今只要当上业委会主任就可以为所欲为的局面。只要出现居心叵测的业委会主任，整个业主委员会就会立即被其占为私用。

管理规约难以更改

楼房业主委员会决定重要事项时，没有得到"全体区分所有者的四分之三赞成"则不能通过。这就是被称为"特别表决"的规定。《区分所有法》规定，执行公用部分的变更、业主委员会的法人化以及管理规约的变更等重要决定时，必须有"四分之三的人赞成"。

据我所知，能够顺顺利利地通过"特别表决"的业主委员会不多，总体来说是少数情况。像S主任那样霸着位子不走、十年以上无变动的业主委员会的情况更几乎是不可能出现。

上述的S主任，就连对律师也不公开委托书和表决权行使书，也让人不得不怀疑他是擅自利用不出席或者没有提交委托书和表决权行使文书的业主的名义，投了赞成票。

按照正规渠道争取所有区分所有者的四分之三的同意，并非易事。

原本很多业委会甚至连让一半业主出席或者提交委托书这一使业主大会表决有效的必要条件，都极难达成。前面提到的那栋住宅楼，一百名业主中，经常出席业主大会的仅有十几名。尽管如此，只要有委托书和表决权行使文书，大会就能举行。批准预算或决算等日常决议则是"普通决议"，只要有被行使的有效表决权人的半数赞成即可。

但是，"管理规约的变更"是"特别表决"，必须有四分之三的业主赞成，难度很高。我再重复说一次，这在多数业主委员会里是不可能实现的。

"禁止民宿"的困难

最近，民宿成了一个热门话题。

首先是涌入日本的海外游客急剧增加，导致住宿设施不足。东京、大阪和名古屋等大城市一时间出现了"订不到宾馆"的现象。

此时，"民宿"开始崭露头角。民宿是指让旅客花钱住在既不是宾馆也不是旅店的普通住宅里。总部在美国的爱彼迎（Airbnb）创建了联系起房东（住宿设施提供者）和客人（住宿者）的服务网站，一经推广，全球的使用人数骤增，在日本这几年也实现了爆发性地增长。

从房东来看，比起普通租赁，用于民宿可以获得更高的收益。一般爱彼迎一个晚上的收入相当于月租金的一成。一个月只要入住二十天，收入就是月租金的两倍。现在，因为收益高，把出租用的楼房改为民宿的投资者应该不在少数。即使不如此，整个日本的租赁型住宅也是供大于求，按月租房的人数不够。

可是，将楼房用于民宿，对其他居民来说，不仅没有任何好处，反倒是增加了很多麻烦。

试想，有一天你回到自己的住宅楼里，看到大厅入口满是拖着旅行箱的外国游客，或者到了楼里的健身房一看，自己喜欢的健身器材全都被说着外国话的人占领，又或者宴会厅里，每晚都有外国人在大吵大闹……

若是发生这种事情，对于业主委员会来说也很头痛。那么，就没有什么有效的措施了吗？

实际上，有还是有的。其中一个办法就是"用管理规约来禁止"。很少有日本人能堂堂正正地做出管理规约明令禁止的行为。

然而，要想用管理规约来禁止民宿，首先必须修改管理规约本身。特别是在民宿问题出现之前交付的商品房，几乎没有一个业主委员会事先加入了禁止民宿的管理条款。

修改管理规约，加入禁止民宿的条款，需要"特别表决"时征得四分之三业主的同意。如前面所述，大部分楼房的业主委员会很难做到这一点。

重建的门槛高

2015年10月，横滨的一栋约有七百户的住宅楼"花园城市 LaLa 横滨"被爆出施工质量问题，多根支撑桩没有达到《建筑基准法》施行令要求的承载层数。卖方三井不动产 Residential 公司向业主委员会提议整栋重建。

乍看上去，若能整栋重建，问题会迎刃而解。可是，这里也隔着一堵《区分所有法》的高墙。该法的第 62 条第 1 项规定如下：

在集会上，有区分所有者以及表决权的各五分之四以上的多数同意，方可拆除建筑，并且在该建筑物的基地或其部分土地，或含该建筑物基地的全部或部分土地上，建筑新建筑（以下称"重建表决"）。

修改规约和变更共有部分用途的门槛是"区分所有者总数的四分之三"，到了重建时，这一人数要求比例则上升到了"五分之四"。

当然，重建对于楼房的业主来说，是最为重要的决定事项，所以设定"五分之四"的高门槛也无可非议。

但不仅是横滨的事件，就是要重建普通老化住宅楼，也是难以企及的目标。总数的 20% 以上的人反对或者不参加表决，重建表决就不能通过。

这个"五分之四"规定的门槛也太高了吧。

原本，制定含有这项规定的《区分所有法》的时代，根本没有人想到一栋大楼能有七百多套单元房。我猜想半个世纪前构思这个法律的人能想到的最多也就有一百套左右规模的房子。在这一方面，《区分所有法》显然也与时代脱节。

不过，这个横滨大楼的业主委员会在 2016 年 9 月召开了关于重建的表决大会，以 99% 以上的赞成票通过了重建议案。一定是房地产商提出的丰厚条件打动了业主们的心。然而，像这样房地产商勇于承担责任的案例实属罕见。更多的楼房问题没有像这次事件那样被媒体大肆报道出来，出现的情况往往是房地产商推卸责任，扯皮多年也没有结果。

对所有权的过度保护

为了防止用于民宿，业委会修改管理规约有一定成效。但这并非是万全之策。现行的《区分所有法》有过于保护业主的权利的倾向。

首先，假设出现了违反管理规约，继续经营民宿的业主该怎么办？不可否认或许会存在毫不犹豫地违反管理规约的业主，因为管理规约是私人协议，而非法律。

届时，业主委员会能做些什么呢？

首先，《区分所有法》第6条第1项规定如下：

区分所有者不得有损害建筑物的行为，在管理和使用建筑上，不得有违反区分所有者共同利益的行为。

民宿是"违反区分所有者的共同利益的行为"吗？

在这里不便展开法律问题的讨论，姑且假设的确如此。在这种情况下，业主委员会又能做些什么呢？

《区分所有法》从第57条到第60条，规定了"针对违反管理规约者的措施"。内容稍微有点复杂，我这里简单总结一下。大致可以分为三个阶段：

1. 制止该行为（让业主取消民宿）。

2. 停用房屋（不让该业主使用房屋）。

3. 要求拍卖（剥夺业主所有权）。

在第一阶段，向法院要求"制止该行为"时，只要有业委会的普通表决即可。第二阶段进行"停用房屋"的诉讼时，则需要四分之三赞成的"特别表决"。而到了第三阶段的"要求拍卖"，也需要特别表决。在这种情况下进行诉讼的话，业委会可以成为原告，也有以业委会主任个人署名起诉的情况出现。因为《区分所有法》第 57 条第 3 项规定："业委会主任或者在集会上被指定的区分所有者，可以根据集会的表决（中略）提起诉讼。"

但在现阶段，即使对违反管理规约、继续经营民宿的业主提起诉讼，也不一定会出现对业委会有利的判决。

楼房的区分所有权，基本上是私有财产权。日本宪法明确规定保护私有财产权。因此，只要不是很严重，一般不会被剥夺楼房的区分所有权。不可能因为业主违反管理规约，持续经营民宿，就作出剥夺区分所有权和"要求拍卖"的判决。最多也就是"制止该行为"而已。

要拍卖楼房的区分所有权，需要相当正当的理由。

而这种强大的财产权保护，也是让楼房陷入危机的原因之一。

例如，在偏远的郊外有三栋破旧的楼房。在住户很少，八成房子都是空置的情况下，让住户集中住到一栋楼里的话，各方面都方便，也可以有效地进行管理。剩下两栋楼房可以拆了建公园。房子空着不用，可能会招来流浪汉或者滋生犯罪。

然而，按照现行法律，更换区分所有权必须经过和买卖一样的手续。要想拆除另两栋，将空地变成公园，几乎需要三栋所有业主都同意。因此，在现实中可以说是不可能的。

针对这种情况，法国有行政可以介入的机制，也有可以强制收购的制度。法国对私有财产权有一定的限制。

在日本，即使对方是政府，只要房主坚持"我不卖土地"，问题就相当棘手。

楼房的业主同样也拥有私有财产权。重建或者拆除，一般只要五分之四以上的业主同意即可。但如果有业主一直到最后都坚持反对立场，要强制这样的业主搬出去，就必须打很多年的官司。所以，只要有一人反对，重建或者拆除就困难重重。

在大阪的千里桃山台第二团地，尽管有五分之四以上的业主同意重建，但是从反对表决结果的居民与开发商对簿公堂，到其被强制搬离，完成重建为止，总共花了六年时间。这期间，大部分等待重建的业主不得不住在临时搭建的房屋里。

今后，为了让日本人与楼房能和谐共处，一定要重新考虑"对所有权的过度保护"这一课题。

第三章
业主委员会与民主主义

失效的民主主义

　民主主义不是万能的。

　因写下《第二次世界大战回忆录》而获得诺贝尔文学奖的前英国首相温斯顿·丘吉尔曾经留下这样一句名言:

　民主主义是最坏的政治体制,但其他那些已尝试过的政治体制比它更糟。

　第二次世界大战期间,丘吉尔因鼓舞并带领英国人民走向胜利而闻名于世。他的政治生涯可谓波澜万丈。

他时常在选举中苦战，也经历过落马。这句话既可以解释为丘吉尔对"民主主义"的感慨，也可以解释为对其委婉的赞美。

即使在楼房管理的范畴下，民主主义也是其根本所在。

在某种意义上，楼房管理中的民主主义，或许如同丘吉尔的感叹，是"最坏的政治体制"。但是，实际上除此以外也别无他法。这也跟丘吉尔的感慨一样。

上一章，我们介绍了位于市中心的约有一百户人家的楼房业主委员会里发生的事。在这个案例里，S主任最大限度地利用了《区分所有法》的漏洞，将业主委员会占为己有。但是，很多业主都没有察觉到这件事，或者是佯装不知，导致业主委员会的资产——房屋维修基金蒙受了巨大损失。

之后，S主任悄无声息地辞去职务，销声匿迹了。据说后继的委员们检查了被S主任侵吞后的业主委员会的财务状况后，惊得目瞪口呆。

考虑购买这栋楼房的二手房的人，如果要来业主委员会查看大会纪要的话，多半都会做出不买的判断。就结果而言，就是楼房本身的资产价值一落千丈。

然而，一切都悔之晚矣。对于那些不听取T先生主张、抱着事不关己态度的业主来说，这是自作自受。

这也是民主主义原则没有很好地发挥出作用的业主委员会的典型案例。

如何让业主委员会发挥作用

我认为，要想让民主主义发挥作用，必须满足三大前提：

1. 民众在选举中做出贤明的判断。
2. 当选的政治家不是为自己，而是为全体谋福利。
3. 政治家时常处于民众（媒体）的适当监督之下。

将这三条套用在业主委员会上，结果如下：

1. 业主在业主大会上做出贤明的判断。
2. 业委会主任以及委员为整体居民谋求利益。
3. 业委会以及物业管理公司处于业主的适当监督之下。

讨论日本的民主主义是否正常发挥作用，不是本书的目的。我们要思考的是，日本的业主委员会在现存的制度下，是否能正常发挥出作用。

就结论而言，我推测八成以上的业主委员会并没有发挥出作用。

首先，几乎所有的业主应该都没有认识到，自己有亲自参加产业管理的义务。

"那种事，交给爱做的人或者物业管理公司就好了。"

结果是一旦出现 S 主任和在度假公寓贪污了 7 亿日元的坏人，业主委员会的资产就会被啃得连骨头都不剩。

管理的"特权"

所谓的业主委员会，好比一个小小的自治体。物业费和房屋维修基金相当于税金。就像公民如果不监视税金的用途，政治家和官僚们就会为所欲为一样，当选的业主委员们也不一定总是公正地运营业委会。

换而言之，业主委员会所执行的管理业务是一种特权，因为那里要经手大量的金钱交易。

一栋楼房假设有一百户人家，从所有人家征收来的物业费和房屋维修基金的总额，一年就接近400万日元。建成十年后，业主委员会的银行账户上累积的房屋维修基金应该超过了 1 亿日元。怎么用这些钱，向哪里下什么样的订单，决定这些的权限，实际上都在主任手中。

正如前述的案例里所怀疑的那样，当了主任，就可以轻而易举地向关系密切的公司下订单，收取回扣。

很多业主没有注意到这一点，或者熟视无睹。

"自己住的房子没事就好。而且现在的主任看起来人不错……"

大部分人对这些事务的认知都是模糊不清。他们懈怠了民主主义运作的第三个前提——"适当监督"的义务。

附赠四件套

很多业主对于物业管理公司的性质，存在着基本认知上的误区。

人们必须作为常识认识到，物业管理公司与业主委员会之间是利益相反的关系。也就是说，业主委员会利益受损的话，物业管理公司就会获利。

首先，物业管理公司对于业主委员会来说，是业务受托方。通俗地说就是一个商家。

给物业管理公司的委托费用越少越好。这样可以减轻业主的负担。然而，付给物业管理公司的委托费用在楼房建成之前就已经定好了，因为一般都是房地产商的分公司在进行业务管理。

业主在签订购房协议时，身为业主委员会的一员，也是在向房地产商的分公司委托业务的同意书上签字画押。这份材料上，还包含了支付其他管理规约和物业费用等同意款项。

1. 物业管理公司；
2. 管理规约；
3. 物业费、房屋维修基金；
4. 长期修缮计划。

我把以上这四个无条件强加给新房购买者的条款叫做"附赠四件套"。购房者不仅没有"拒绝的权利"，甚至连"选择的权利"也没有。在现行体系下，要说"没有办法"也确实没有办法。

不过，把这些都当成暂时性的东西也未尝不可。入住后，经过一年的考察，再在"第一届业主大会"上真正决定，这样的安排会更合理些。只要业主委员会的"民主主义"正常运转，这种方案按理来说是有可能实现的。

更换物业管理公司

房地产商的分公司受托管理物业之时，因为没有竞争，该物业管理公司的利益自然有很好的保障。

不过，很少有人知道物业管理公司是可以更换的。实际上，也有不少业委会更换了物业管理公司。话说回来，原来的物业公司本来就应该被更换。但是，现实是更多的业委会连一次也没有换过物业管理公司。

更换最初"附赠"的物业管理公司，业务委托费用通常可以降低两成，根据情况，有时甚至可以削减四成左右，所以本就应该更换。这需要在业主大会上提出更换物业管理公司的议案，需要获得过半数的赞成表决（普通表决）。乍看上去，似乎很简单。然而实际上，变更物业管理公司并非易事。

首先，这得不到现在接受业务委托的物业管理公司的协助。没有物业公司会帮助别人踢掉自己。

业主委员会进行的日常业务，几乎都是依赖物业管理公司运作。特别是业主大会上要提交的议案，基本上都是由物业管理公司制作。业委会自己做的话，不仅需要制作原稿、按户数印刷、装订成册，还要邮寄给在住居民以外的其他业主。

更加麻烦的是，需要委员会就"变更"一事达成一致，并选定新的物业公司。

若是有委员与物业管理员关系密切，或者与物业管理公司的负责人有私人交情，就会执拗地进行反对。再加上现在受托的物业管理公司也会进行各种阻挠，有的还到处散发内容奇怪的传单。物业管理公司对于失去现有利益会拼命抵抗，只要是追求利益的企业，这种举动也是可以理解的。

更换物业管理公司，最好不要自己做。因为普通人来操作的话，确实负担太大。

有擅长处理更换物业管理公司事宜的专业咨询顾问。把事情交给他们的话，会完成得更加轻松、顺利。而且，在楼房管理这个相当专业且细分化的业务领域方面，优秀的顾问拥有丰富的知识，最终可将物业管理调整为符合业主委员会利益的适当形式。

优秀的楼房管理顾问是什么样的

打着楼房管理顾问名号的人，其实也是鱼龙混杂，甚至也有对专业知识一无所知的人混迹其中，而且这种人总体来说还更多。

2000 年，国土交通省创立了"楼房管理士"这一国家资格认证制度，目的是培养能帮助业主委员会和业主的专家。然而，这个制度可以说是彻底失败。

首先，仅凭考试用的那点知识，无法给业委会提出好的建议。比起知识，他们更需要的是经验。

现在比较热门的楼房管理顾问，几乎都是在物业管理公司一线工作过的人，或者是有长年顾问经验的人，有没有楼房管理士的资格证其实无所谓。

说起来，楼房管理士只是个垄断名称的头衔，与医生和律师这些垄断业务的头衔不同。如前所述，没有楼房管理士资格证书的我，有时也会进行管理顾问的工作。这不算什么违法。

变身为物业管理公司长期收益计划的"长期修缮计划"

对于物业管理公司来说，业委会越安分越好。要求太多，自己的工作量会增加。讨论更换物业管理公司，更是无法容忍的。

为此，在交房时，他们会在预先拟定的附赠管理规约里，设置限制业委会活动的机制。那就是关于委员的任期。通常任期是轮流制，一年一换，防止同一人长年做委员，积累专业知识。很多业主也觉得当委员很麻烦，都抱着"能不当则不当"的态度。

委员会的成员一年一换，物业管理公司的理想是大家都处于"多一事不如少一事"的状态。物业管理公司的提案走个过场即可通过。过了十几年，就开始要搞大规模的修缮工程。但业委会如果还是以消极态度来决定施工公司的话，这个订单自然而然就会交给物业管理公司。

实际上，大规模修缮工程对于物业管理公司来讲是最有甜头的工作。物业管理公司内部一般没有搭脚手架修补外墙瓷砖或者更换管道的施工部门。所有的工作都是外包。

物业管理公司顺利拿到大规模修缮工程，会取走两成到四成毛利，这是业内常识。有时也可能在五成以上。说得直白一点，很多业委会都被"敲竹杠"了。

本来，并不是所有楼房都有必要十几年就进行一次大规模维修。镶瓷砖的办公大楼需要十几年一次搭起脚手架，维修外墙吗？这种情况几乎没有。

上下水管的确应该十几年或者二十年大修一次或者进行更换。但是，外墙的瓷砖只要没有脱落，维修工程就不需要到搭脚手架的程度。此外，其他地方可以等到有需要的时候再修，最需要"定期"维修的是与人命相关的电梯。这也不需要业主委员会去做，应该有定期的法定检修。

其实，十几年要进行一次大规模修缮工程，这个方针是国土交通省规定的。为什么政府机关要给可谓"千差万别"的各种楼房制定修缮方针，这个问题着实让人生疑。我甚至怀疑这是一个出于让物业管理和建筑两个行业受益之目的的阴谋。

日本人对"政府说的"这句话最没有抵抗力，他们很容易认为"政府说的"就是正确的。楼房物业管理公司一边利用日本人的这种特性，一边将业委会的"长期修缮计划"偷换为自家公司的"长期受益计划"。

此外，日本人不喜欢争斗。不想让平时笑脸相迎的物业管理公司负责人灰心丧气，这种心理也在作祟。

然而，业委会的资产全部都是由业主支付的。

认为跟美国人相比，日本人对于"税金的用途"很宽容的，难道只有我一个人吗？美国人对于自己上缴的税金十分敏感。民主主义在很大程度上是需要仰仗公民的高度关注才能发挥出作用。

在楼房管理方面，同样的机制也应该发挥作用。业主必须对自己上交的物业费和房屋维修基金的去向表示必要的关心。现在，很多业委会将投入大量资金的大规模修缮工程轻而易举地交给物业管理公司处理，这绝不是楼房中的民主主义正常发挥作用的状态。

要有物业费等于税金的意识

接下来换一个话题。最近，像宾馆一样的楼房正在不断增加。

住宅楼作为集体住宅，具有独栋别墅所没有的各种优点。软服务就是其中之一。

原本只是在大厅设置一个柜台，由管理员给居民提供一些小小的服务。起初是传递便条、发传真、复印、卖邮票、介绍干洗店等服务。最近十年，它有了突飞猛进的发展。一些位于东京市中心的拥有几百户人家的超高层住宅，竟然还配备了"礼宾服务"这项服务。

进入大厅，有一套像宾馆前台一样的设施，身着制服的女孩笑容满面地说："您回来了！"

从自己的房间打内线电话，跟她们说："我要出门，能帮我叫一下出租车吗？"当你来到大厅时，出租车已经等候在门口了。

不仅是出租车，用内线说"帮我把车提出来"，他们就会把车开到大厅门口。回到楼房后，在大厅前将车钥匙交给管理员，他们会把车准确地停到你的车位上。让人感到仿佛是住在一流宾馆里。这项服务被称为"自主代客泊车服务"，在部分超高层住宅有提供。

在大阪的黄金地段梅田，有一座名为"大阪站前综合体顶级公寓"（Grand Front Oosaka Owner's Tower）的超一流住宅楼。这里居然有真正的礼宾员。之前是从早上 7 点到晚上 9 点，都有大阪洲际酒店派遣来的礼宾员提供服务。

众所周知，一流的礼宾员对于客人的要求"绝不会说不"。从购买难以入手的演出票，到介绍网上也找不到的美食店，只要不犯法，他们会满足你所有的要求。在这里，每天都可以享受到这种服务。遗憾的是，现在洲际宾馆不再派遣礼宾员。不过，据物业管理公司称，他们已经同别的派遣礼宾员的公司签订合同，可以继续享用同等水平的服务。

即使不是这种顶级公寓，如今在几百户规模的楼房里，也逐渐开始提供"礼宾服务"了。机灵的工作人员会记住居民的容貌和名字，以使交流融洽。这对楼房自身的共同体的形成起到了重要作用，也能提高日常的自然安保功能。

但是，这些费用全部出自物业费，金额相当庞大。也就是说，是业主们一起拿钱雇佣管理人员。这些地方也要像检查税金的用途一样，擦亮眼睛检查物业费的开支。

业主委员会的民主主义成熟了吗?

言归正传,要想业委会发挥作用,必须实施彻底的民主主义原则。然而真能做到吗?对此我表示怀疑。

要说日本的民主主义是否健全地发挥作用,想必很多人心里都会画一个大大的问号。

国政选举的投票率低于 60% 已是常态。这与很多业主大会的表决流程中一心追求 50% 的有效定额一致。

日本宪法规定了国民的三大义务,这是我们在中学社会课上就学习过的内容。

1. 全体国民有义务使其子女接受义务教育(第 26 条第 2 项)。

2. 全体国民有劳动的义务(第 27 条第 1 项)。

3. 全体国民有纳税的义务(第 30 条)。

成为楼房的业主后,也会产生义务。硬要列举"业主的三大义务"的话,应该是以下三项:

1. 不得有违反共同利益的行为。

2. 参与共用部分的管理(就任委员等职务)。

3. 支付物业费和房屋维修基金。

虽然这些义务在范畴大小和字面表述上看起来多少有所差异，但本质上与国民的义务相同。

成为楼房的业主，就是共同体的一员，需要背负诸多义务。很多业主没有理解这一点。

从国政到地方政府，在各种级别的行政场合，我们经常能看到不少人或团体，不顾别人，一味地主张自己的利益和权利。对世事漠不关心的人也不在少数。

如上所述，民主主义充分发挥作用的前提是提高国民的意识。

在日本的楼房管理运营方法中，以日本宪法为渊源的民主主义也是根本。因此，楼房管理运营的实际状况，今后应该也会与日本的民主主义水平持平，这里不容乐观——会这么想的恐怕不止我一人。

租赁型楼房的管理运营

租赁型楼房又如何呢？

如果普通住宅楼的管理运营原则是民主主义，那么为租赁而建的集体住宅的运营原则，可以说是"独裁专制"。因为它基本上都是归一个房东或者一个公司所有。

住在那里的承租人必须承担前面列举的"业主的三大义务"中的以下一项义务：

1. 不得有违反共同利益的行为。

此外，尽管不用上缴物业费、房屋维修基金，但还有支付"租金"的义务。但是，没有第2条的"参与管理"的义务和权利。不过，如果承租的是普通楼房的一个房间的话，《区分所有法》规定承租人拥有作为业主委员会的旁听员参加业主大会的权利。

但是，作为租赁型楼房这一"独裁专制"共同体的承租人，拥有真正的独裁专制国家的国民所没有的自由——能够选择自己居住的共同体，不喜欢的话随时可以走人。而现实中的独裁专制国家的国民，基本没有离开本国的权利。这就是最大的区别。

选择租赁型楼房时，若是发现管理水平高的住宅楼，也可以搬到那里。这种情况也不必履行"参与管理"的义务。前面介绍的"代官山集体住宅"，朝仓不动产这个企业执行的正是所谓的"独裁专制"管理，但保持了非常良好的运营状态。

丘吉尔在宣称"民主主义是最坏的政治体制"的背

后，或许隐藏着"高明独裁者的统治优于民主主义"的真实想法。但是，独裁者并非总是很高明。

虽然对于普通住宅楼的管理而言，民主主义是"最坏的政治体制"，但它依然是管理运营的根本，我们只能将民主主义进行到底。

被"爆买"的日本不动产

如今，无论是租赁还是购买，在大城市的楼房里，同外国人生活在一个屋檐下已经不足为奇了。

在日本人与楼房的未来图景中，有一个不可忽略的重要因素，那就是中国人的存在。因为日本的房地产已经出现被中国人"爆买"的现象了。

中国人在日本买房的动机各式各样。首要原因是所有权。

在日本，私有财产权完全受宪法的保护。虽然有时很多日本人认为私有财产权是像空气一样理所当然的存在，但实际上这是作为民主主义的根本中的根本而享有的权利。"国家权力不得随意剥夺个人财产"——很多国家的人们在相当长的时间里都没有被授予这一权利。

欧洲中世纪以前的王权，也不承认庶民拥有土地。

17 世纪到 18 世纪发生的英国革命和法国革命，市民向国王提出的要求中，就有尊重私有财产这一项。这正是因为当时普通人的私有财产权极其不稳定。

在日本的镰仓时代，获得了受承认的私人土地所有权的小领主们拼尽全力保护自己的土地，从"私有财产的保护"的角度来看，这种行为与欧洲人反复发动革命的动机或许并无二致。

购买日本不动产的理由

现在，很多中国人来到日本，购买楼房等形态的日本不动产。其中的动机之一，也是出于日本对"私有财产的保护"。

如今的日本，作为法治国家，在保护私有财产问题上，恐怕已经达到世界最高水平了。宪法第 29 条第 3 项规定，"私有财产在获得正当的补偿条件下，可以供于公用"。实际上，这个条款被按照字面的意思运用得非常极致。

成田机场的历史不正说明了这一点吗？

从 1966 年决定建设用地开始，到 1978 年机场正式投运为止，强烈的反对运动从未停息，这就是所谓的

"三里塚斗争"。它所依据的一个斗争原理，就是反对机场建设的农民以日本国宪法承认私有财产权为由，拒绝国家征用自己拥有的土地。

这场激烈的斗争在 20 世纪 90 年代基本结束，但现在还有没交出土地的"一坪地主"[1]。

日本就是如此彻底地维护私有财产。

日本对于外国人购买或拥有房产也没有任何限制。只要自己的姓名和地址在管辖登记的权利区内有记载，其所有权就会受到保护。这就是日本房产中的私有财产保护制度。

对于中国人来说，在极度保护私有财产的日本买房，应该是有着我们日本人所无法理解的动机在起作用。那里似乎有着超越"居住"和"投资"的对于"私有财产"的执念。我想大概因此才会发生"爆买"现象。

2015 年，在房地产界有一本书成为热门话题，那就是牧野知弘的《2020 年楼房大崩溃》（文春新书）。

书中记录了牧野的朋友，一位"楼房物业管理公司的员工"，出席在东京市中心的塔楼业委会召开的第一次业主大会时发生的一幕场景。

---

[1] 指在三里塚斗争中，农民为了反对建机场，将自家的土地分割成一坪（约 3.3 平方米）以下售与他人，这些人就是"一坪地主"。这种做法增加了政府谈判的难度。

牧野的朋友开始解说选举负责人和今后业委会的预定活动时，以几亿日元购买了该建筑顶楼的一个中国人说了这样一段话。

"为什么这个业委会的讨论事项要用日语进行？我是中国人。我听说买这座楼房的很多都是中国人。那么，大会就应该用中文进行。"

整个会场都因为这个发言僵住了。

这是已经发生的现实。今后也会发生类似的事情。

或许根据中国的经济形势的好坏，他们在日本购房的趋势也有盛有衰。但是，日本是极为守护私有财产的国家，只要对于他们来说日本的魅力不减，他们就会持续购买日本的楼房。

因此，从中长期来看，中国人拥有区分所有权的楼房应该会继续增加。

或许有人因此感到心情复杂，但最好还是不要制定新法或者修改现有法律来"禁止外国人拥有不动产"。我们应该在楼房这个居住形态中，培养出国际多元性。

如何与外国人共存

在此，我建议大家可以考虑两个与外国人共存的方向。

一是尽可能将细节上的问题以明文规定出来。

普通商品房定有管理规约。对于楼房来讲，这就是基本规则，相当于"宪法"。除此之外，关于公共设施也分别要有"详细规则"。

迄今为止，由于没有想到外国人也会入住，所以给楼房制定的规定大都很笼统。但是，今后必须要尽量制定得详细些，让外国人也能够理解，因此需要英文版和中文版。

修改管理规约需要有四分之三的业主赞成，门槛较高，但是修改细则普通决议（达到行使的有效决议权半数以上）即可。因生活习惯不同而形成的矛盾，预计大部分是发生在针对公共设施的使用问题上，因此通过修改细则应该可以应对这些问题。

租赁型楼房也应该将规则制定得详尽些。外国人入住时，在详细介绍的基础上，可以让他们提交承诺书。虽然有点古板，但今后的时代应该也需要这样的手段。

以上就是所谓的"用规则来束缚"的手法。

接下来，考虑文化性的包容这个方向也可能有帮助，即说服对方认识到"日本的做法对于你们也是大有益处"。

现实中外国人占少数的楼房中，基本上都是往这个方向处理。说白了就是让外国人习惯日本的楼房居住"文化"。

据我所知，日语交流能力高的外国人，不论国籍，对于融入日本的楼房居住文化似乎都没有太大抵触。但是，今后的时代，与我们共处的也许并不都是这样的外国人。

不管怎样，只要住楼房，与外国人的共处就是一个必须考虑的前提。

我期待几十年后，日本的楼房也能积累与外国人共存的方法与经验，诞生出新的"国际居住"的文化。

第四章
以赚钱为目的的楼房

郊外的新建商品房十年后半价

这不是想象，也不是预测，而是真实发生的事情。

以首都圈为例。你可以调查一下从山手线的主要车站乘坐私营铁路超过二十分钟，或者从车站步行超过十分钟的二手房的价格，特别是往千叶、埼玉方向建后十年以上的二手房价格，大概在新房的五折或六折左右。近畿圈中往奈良和滋贺方向也可以看到同样的现象。

如今还有人买这种二手房，认为"是新房的半价的话"物有所值。但是，十年后会怎么样呢？

"建后十年以上的房子是新房的半价"的地段现在仅限于交通稍有不便的场所。然而，这种楼房在不断增加，大城市的人口却在减少或者停滞。这种过剩供给若是持续十年的话，这个"半价地段"会渐渐向市中心靠拢。考虑到需求和供给的平衡，这种预测也是理所应当的。

而且，现在的"半价地段"十年后很可能成为"三折地段"。本来这些稍有不方便的地方，新房的供给数量就在锐减，估计五六年后应该就不再有供应了。如今可以看到很多开发商都在避开郊外地段的开发。

现在二手房的市场价格还没有崩盘的近郊地段，十年后也极有可能被并入"半价地段"。

在这种地方自己出一成首付，借入三十五年房贷买房会怎么样呢？

答案可想而知了。从购房那一刻起，就会陷入贷款余额超过资产价值（房屋售出价格）的倒挂状态。这种状态将一直持续到还清贷款为止。也就是"想卖也卖不出"的状态。因此无论如何都应该避免这一事态。

房贷"三十五年还清"这个机制，现在已经非常不切实际。如今的时代，有谁能够期待三十五年稳定的收入呢？即便是代表日本的大型企业，一旦陷入经营不善，也会裁员。三十五年的预测稳定收入，现在除了公务员以外几乎都是不可能的。

这个"三十五年房贷"是房地产价格一路攀升的

"土地神话"时代的遗留产物。购入房屋的价格逐年增长的话，随时都可以卖掉房子，一下子还清贷款，还可以从中获利。但是，今后是"卖掉就是亏损"的时代。

考虑利用贷款，现今最长也只应该设在二十年左右的还款期限。如果无论如何都需要"三十五年偿还"的话，应该像美国那样设置为"房子交还给债权人，借款就清零"的无追索权贷款（Non-Recourse Loan）。这样能够防止因房贷引起的破产和自杀的悲剧。日本房贷的最大问题就是将资产减少的风险100%加在购房者身上。

日本曾经有过父母提前领取好几年工资的学徒包身契约这样的恶习。如果学徒中途不做了，那就要将剩余的工资一下子全部还回来。

而三十五年房贷则是房地产开发商先从银行全额领取卖房款，之后购房者再耗费三十五年，不断地偿还本金和利息的一种制度。想要中途停止，就必须把贷款余额一下子还清。这跟包身契约多少有点相似。

三十五年房贷急速扩大了购房需求

1950年，为了从金融上帮助普通消费者购买住宅，政府设立了住宅金融公库（现独立行政法人住宅金融支援机构）。"三十五年房贷"就是这个住宅金融公库在20世纪60年代发明出来的。

"三十五年房贷"让买房子对于普通消费者来说不再遥不可及。此前"攒够三成首付"的购买方式极为普遍，这项措施出台之后只要一点资金就可以买房，这使得买房的需求获得了爆发式的增长。

相反，从楼房的供给方来说，这催生出了"造了就能卖出"的市场环境。

企业时刻都在追求利润，只要有赚钱的行业，就会不断渗入。

实际上，房地产开发行业并不需要什么高深的技术。所以经济形势好，行情好的时候，所有行业的企业都搞房地产开发。但是，到了经济不好、房子卖不动的时候，它们又接连不断地退出该行业。而专门开发房地产的公司，短时间内会经营恶化，最终破产。2001年房地产开发商的数量最多，全国有四百二十九家，2013年次贷危机后，锐减到一百八十六家。从这些数据上也可以清楚地看到这一点。

楼房开盘前的流程

我先来介绍一下楼房开发是以什么样的流程进行的。

首先，土地是必不可少的。实际上，这个"土地获取"是最难的，我们先暂且放一放。

土地到手之后，接下来是设计。建筑受各种规定的管制。有针对土地的大小建多大建筑物的建蔽率的限制，有在所有的地上建筑面积最大是多少平方的容积率的限制，还有从地上能够建多少米的高度的限制。设计事务所在此基础上绘制图纸。

设计图完成后，要提交审查部门进行项目报建。审查部门以前都是政府部门，现在也可以向民间机构申请。他们审查提交上来的楼房设计图，判断是否符合《建筑基准法》的规定，如果没有问题，就批准报建。

申请项目报建之前，开发商有义务向周边居民进行说明，通俗地说就是制定"近邻对策"。在这个阶段经常会发生纠纷。在当地引发强烈的反对运动，导致无法按计划进行的案例并不罕见。

但是，只要设计图没有违反各种规定，一般项目报建都会被批准。尽管不是没有反对运动方获胜的案例，但几乎接近于零。不过，导致项目报建的审批被推迟，或者审查变严的情况倒是时有发生。热情高涨的反对运动让开发商颇为头痛。

设计决定后，以此为基础向建筑公司招标。决定好施工方后，进一步商讨具体的建筑成本，敲定最终订单金额。

这些手续结束后开始动工。与此同时，商家开始打广告招募购房者。

作为开发商，最理想的是在竣工之前与所有的住户都签订买卖合同。因为竣工后迅速交房，就可以回收房款。土地的购买费用和支付的建筑费，都是从银行贷的款，尽量早点偿还，可以减轻利息负担。

为了在建房期间也可以进行售楼活动，开发商会在建筑场地外交通方便的地方，用预制装配式构造法搭建"样板房销售中心"。这个样板房近来多被称为"楼房画廊"或者"展示厅"，里面的布置是一样的。

在场地外建设样板房需要庞大的费用，根据规模大小，从几千万日元到上亿日元不等。而且，募集购房者所需要的广告宣传费也不容小觑。大体一户需要100万日元左右。比如，有1000户住家的大楼，需要10亿日元的广告预算。有时会发展成为"花2亿日元左右请个有名艺人做代言人吧"的情况。

新建商品房的价格里包含所有这些费用，购房者需要支付包含售楼后即刻拆除的样板房以及广告代言人费用在内的房价，才能把新房拿到手。

门槛极低的房地产开发

从房地产开发商的购买土地到设计、制定近邻对策、项目报建、施工建设、推广销售、开盘、签约为止的流程来看，似乎需要大量的技术知识，但其实没什么高深莫测的。

例如，与不动产完全风马牛不相及的服装厂商，只要有这个意愿，半年之后就可以进行房地产开发。

首先，进行房地产开发的许可证只有一个，那就是"宅地建筑交易许可"，是各都道府县长官以及国土交通省认证的执照。听起来似乎让人觉得很难拿到，但其实大街上的每一家房地产商都有这个营业许可证。

认证标准非常简单。首先要有办公室。其次是五名员工中有一人以上持有"宅地建筑交易士"这一国家资格证书。这就是经常被称为"宅建"的房地产商资格证书。然后要向业界的保证机关缴纳150万日元左右的保证金及入会金。最后申请人不得有犯罪记录（即使有犯罪记录，只要刑罚结束超过五年，也可以申请）。

也就是说，只要有"宅建"资格和 150 万日元，再租一间办公室，任何人都可以取得宅地建筑交易业的营业许可证。并且，只要有了营业许可证，就可以开展从房屋中介到城市开发的所有房地产业务。当然，新建商品房的开发事业，也只要有这个许可证就 OK 了。

取得"宅地建筑交易士"的资格并不难。决定在房地产公司工作的大学生，以及想要提高时薪的主妇稍微努力的话，也能够考上。从业人员在百人以上的大企业，即使它不是房地产公司，也有可能有一两个人拥有这种资格。就算没有的话，重新招聘起来也容易，因为只要有在大公司工作过的，即使不是销售人员，也有很多人持有"宅建"的资格。

只要有资金，小白也能干

如上所述，宅地建筑交易业许可的营业许可证，事实上谁都可以获得。

接下来，开始房地产开发的第一道难关——土地获取该怎么办呢？

其实，只要准备好房地产开发事业的启动资金，剩下的由公司全部包办。

他们首先寻找建筑用地，画出大致的设计图，算出建筑成本。然后进行市场调查，设定"多少能卖出去"的预设价格，并制作"买这块地，建这种楼房，一坪卖多少万日元，最终能赚多少亿日元"的项目企划书，提出建议。

因此，即使完全不懂房地产的外行企业，按照这个提议，也可以轻而易举地进行房地产开发。公司还会帮忙寻找土地，并搞定设计与施工。将楼房卖给最终消费者的公司也是他们的分公司。交房后的管理业务也由这个分公司负责。当然，他们也会制定近邻对策，还会介绍相熟的广告公司。

也就是说，老板只要掏钱，参加会议即可。只要按照他们的提议卖房，从拿出购买土地的资金和建筑费算起，两年后利润就可达几亿日元。

日本确实就有这样将房地产开发事业全部打包代办的企业。而且据推测，用这种方式开发出售的楼房，占整个市场的 20% 以上。

长谷工建设集团就是这样的公司。这个企业从1968 年开始从事房地产开发以来，到 2016 年年末为止，实际上达成了建成六十万套住房的业绩。这个数字接近迄今为止日本整体楼房供应总量的约 10%，在日本首屈一指。

长谷工楼房开发计划

截止到 20 世纪 80 年代，承接普通人居住的楼房建设的基本都是公团（现今的 UR 都市机构）。但是 90 年代以后，可以说完全由长谷工建设集团接替了这个位置。

"楼房的事情就找长谷工。"

很多人都看到过反复播放这首歌的电视广告吧。这首歌与电视广告一起给人们留下了深刻的印象。

这个广告并没有夸大其词。因为在日本，楼房建得最多，而且现在也仍在继续盖楼的企业就是长谷工建设集团。

歌词还说，"建得多，所以懂得多"，的确如此。在日本最了解楼房的企业，或许就是长谷工建设集团。

我在自己的博客或者资产价值报告中，将由长谷工主导，加上从其他行业介入的房地产商联合开发的楼房项目，称为"长谷工计划"。

在郊外建设的两百户以上的大型楼盘以及房地产商的名字中带有首都圈以外的私营铁路分公司名称的楼盘开发，几乎都是长谷工计划。其特征在于，"设计"与"施工"处一定会出现长谷工建设集团的名字。

长谷工计划有着明显的特点。

首先，必须充分利用容积率，要在规定范围内最大限度地设计出总建筑面积。其次，为了降低建筑成本，尽量设计出简单的楼栋排列形式。而且，小区内尽量多设置地面停车场，因为这样成本可以最低。此外，绿地面积绝对不大。

单纯的板状建筑平整地沿着建筑用地的边缘配置，空余部分几乎都用作停车场，这种情景让人联想到郊外的大型购物中心。

户型基本上都是被称为"田字格"的中间带走廊的3LDK（三室一厅一卫一浴），客厅要么是横的，要么是竖的，要么是边间。这个"田字格"设计风格，三十年来几乎没变过。

而且，在开发郊外楼盘时，其他公司也争相效仿长谷工计划式样的楼房建造方法。即使不是长谷工建设集团主导的长谷工计划，外形酷似长谷工设计的大型郊外楼房也层出不穷。

房地产界的优衣库

接受买房咨询也是我的业务之一，若是被问到长谷工计划的房子如何，我会这样回答："请把它当成房地产界的优衣库。"

价格低廉但品质稳定。比起设计更注重价格。偶尔会加入一些流行设计，但是在我看来，十年后就会显得过时。

原本所谓的楼房，每一栋都可以拥有自己的个性。应该根据各个楼房的选址和周边风景，来设计优美的外观和造型。而且，正因为它的身影会长久地停留在街景中，所以就总体而言，建筑物的设计是具备高度的公益性。

然而，长谷工计划的楼房，每一栋都是千篇一律，仿佛像优衣库一样，排除掉了亮眼的设计元素。

楼房不是工业产品，而是人们健康生活的居所。本来，根据所处地形和光照，每一户的设计图都可以不一样。但是，几乎所有的长谷工计划的楼房都如同工业产品。每一栋都是用同样的设计和工艺制成，安装同样的设备。

长谷工计划的楼房或许也是日本创造的一个住宅文化。但是，在住宅领域里，它那种比起质量和造型，更追求量的供应的思想与手法，三十年来几乎没有改变。

而且，不仅是长谷工计划的楼房，在郊外建造大型商品楼房的商业模式也已经不符合时代的要求了。

在日本整体有八百万套住宅剩余的时代，开发商还在不断向市场提供将来极有可能成为废墟或者贫民窟的郊外型大规模楼房。对于这样的行为，我真是难以理解。如果这种情况持续下去，日本的未来就危险了。

此外，用三十五年房贷购买这种楼房，买后几年其资产价值就跌破房贷余额也不是没有可能。这种情况下，购房者的人生选项只有"继续支付房贷"，他们不得不吞下苦果，继续生活下去。

这种楼房将购房者束缚在无法做更多选择的人生中，它们的大量存在，真能为日本人带来幸福吗？也许我们应该重新思考一下这个问题。

何谓新建商品房的 JV？

当新建商品房的开发商不止一家时，业内称之为 JV，即 Joint Venture 的简称（见图 2），"企业联合体"之意，说白了就是"卖家联合"。

例如，因楼体倾斜问题而决定重建的"花园城市 LaLa 横滨"楼房新闻被报道出来时，只有卖家三井不动产 Residential 公司被提及，但实际上还有一个卖家，那就是明丰公司。因此这一楼盘是两个公司的 JV。

图 2　楼房交易的关系图

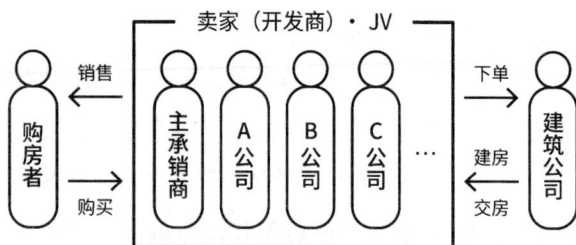

"花园城市 LaLa 横滨"主承销商当然是三井不动产 Residential 公司。主承销商是"最大承销商"之意，一般是由出资比例最高的企业承担。

上述是有两家企业联合的案例，也有四五家联合的案例。在长谷工计划中，四家以上的联合投资也并不罕见。这种情况下，长谷工建筑集团大都以 5% 的出资比率参加 JV。对于其他参加 JV 的企业来说，这似乎意味着"敝司作为承销商的一分子，也会负起责任，切实推动事业的发展"。

投资方是否是 JV（卖家联合）看似对购房者无关紧要，但是有时却事关重大。比如出现降价的情况。

当销售情况不好，需要降价时，如果是 JV 情况就比较复杂。因为要降多少一般是由卖家来判断。如果是四家公司的 JV，四家不全都点头，就无法降价。若是其中有一家无论如何也不想降价，那么就不可能降价。

于是销售时间被拉长，一直卖不完，就这么拖拖拉拉经过半年甚至一年……这种案例时有发生。

此外，"入住后发现重大缺陷"时，也是所有卖家的共同责任。

就连应维修到什么程度这种微妙的判断，原则上也要所有公司意见一致。因为承销商是按照出资比率负担费用的。

不过，多数时候他们是推给建筑公司修修了事。

如果问题不大，修修就好了倒也罢了，但像"花园城市 LaLa 横滨"那样需要重建的不合格建筑，事情就大了。同为卖家的明丰企业也有可能要负担一部分费用。

假设这是有施工单位参加的 JV，会怎么样呢？施工单位以外的其他公司或许会指责说"这是你们施工单位的责任吧"，从而发生争执。如此一来，事情会变得相当复杂。

所谓的 JV 型开发，其实是不想独自承担责任的承销商做的"风险对冲"，很多时候看起来也像上班族的"合谋计划"，有浓厚的"回避责任"的味道。

即便失败了，负责的员工和其领导也能够向公司内部辩解，声称"不仅是我们一家"或者"因为某某公司也加入了"。JV 就是这样性质的项目。

对于购房者来说，最大的缺点是，交涉问题的时候，承销商有好几家，解释起来很麻烦。

不过，承销商如果有四五家，十年内其中很可能出现倒闭或者被合并、收购的企业。实际上，在次贷危机之后的长谷工计划中，也出现了 JV 企业中的好几家倒闭，长谷工建设集团自动变为主承销商的案例。

各个 JV 企业，具有民法所说的连带保证责任。一家倒闭了，其他公司要按照出资比率相应承接它的份额。因此，只要有一家公司活下来，对于购房者来说，就不是"倒闭公司的房子"。

如果说 JV 对购房者有好处的话，大概就这么一点吧。

新建商品房市场的不透明性

即便是新建商品房，其价格也应取决于市场，至少我是这样认为。但现实却不尽然。

更进一步说，楼房市场本身的构造不易被人察觉。

在此，我们来考察一下新建商品房市场的透明度。

首先，新建商品房的价格是怎么形成的呢？

决定销售价格的当然是开发商。经常有人问我楼房的利润率是多少，在此我简单地解释一下。从结论来讲，利润率从 5% 到 30% 不等。过去的标准是 15% 到 20%，现在已经没有这种说法了。

我推测至少有两家大型开发商设定了 30% 以上的超高毛利率。因为只是推测，具体的企业名称就不透露了。

之所以会知道这一点，是因为这两家都是上市公司，财务报表是公开的。从其中的营业利润和各个部门的利润率，我推算出了 30% 以上这个数字。

不过，毛利率设置为 30% 以上，会完全偏离市场价格，变成高价，导致卖不出去，竣工几年后还有剩余也理所当然。

传闻采取这一高价路线的其中一家财阀系大型开发商，如果竣工时房屋售罄，项目负责人就会被上司训斥："为什么价格设置得这么低？是不是项目计划太不周密了？"

据说对于这家开发商来说，竣工后两年左右售罄才是最理想的。

在我看来，那家公司出售的楼盘价格大都高于市场10% 以上，有的甚至是 20%。即便如此，他们也不降价，竣工数年后仍然继续销售。

销售人员对看房者似乎是这样说的："我们造的都

是好东西，价格高是不可避免的。"

当然内行是不会信这一套的。业内流传这样的说法："那家公司早就预料到要进行竣工销售（大楼建成后的销售），所以每座大楼只有前台大厅是不计成本，盖得极尽奢华！"

事实确实如此。由于工作关系，我看到过很多这家公司承建的楼房，大厅的确非常气派，很多地方看起来仿佛是东京市中心的一流高级宾馆。许多大型塔楼公寓的前台负责接待的都是美女。

价格高的理由不是因为造的是"好东西"，单纯只是开发商加上了利润而已。财务报表说明了这一点。在这个开发商出售的房屋中，可以说漂亮的只有前台大厅，房屋内部与其他开发商承建的几乎没有什么两样。

即便如此，仍然会出现相信他们所言的购房者，因此他们的商业模式始终是有效的。等到高价购买的人在几年后注意到这一点时，只能追悔莫及。

有不用创收的开发商吗？

那么利润率为 5% 是什么样的情况呢？

"大型优良企业的分公司"进行房地产开发时，这种例子居多。它们主要是私有铁路的分公司，或者是安保公司的分公司。

这种企业，作为公司不追求提高财务报表上的收益，它们的标准是"只要不亏损就行"。因为收益依靠总公司的主营业务就绰绰有余。

那么，它们为什么要成立并运营房地产开发的分公司呢？据我推测，这是为了确保员工的外调工作有着落。

在我看来，铁路公司就如同政府部门，完全感受不到民企的竞争氛围。在这种地方待上二十年，就会出现即使学历再高也"完全派不上用场"的员工。总公司不能给这些员工安排职位，因此就创建主营房地产业的分公司，将他们外派或者转职过去。

会外调这种员工的私有铁路系开发商，不可能在魑魅魍魉飞扬跋扈的房地产业中，使用业界专有的伎俩抢在其他公司前面买入建筑用地。假设他们聘请有经验的人来做这些事情，也会因为上司本就是无能的员工，决策太慢，坐失良机。而在房地产界，好物件不当机立断是买不到的。

因此他们只能参与其他公司推荐的项目。而且，推荐公司会把这种项目最赚钱的地方全部拿走，所以利润率会很低。即便如此，这个公司也要向总公司做出在开发项目的样子。因此利润率在 5% 的企划项目也要参加。

相反，专门搞房地产开发的开发商，项目规划的最低毛利如果不在 15% 以上，项目本身就会亏损。专业房地产公司如果没有买到项目用地，或者用买来的地建成的楼房没有卖完，决算马上就会变为赤字，然后倒闭。

房地产开发的利润在 5% 到 30% 之间浮动，这样的差距正是业界构造扭曲所导致。

楼房的成本价

那么，在楼房的销售价格中，利润以外的部分是什么呢？换言之，楼房的"成本价"是如何构成的呢？

最主要的当然是土地费用和建筑费用。如果房子建在市中心，土地费用会很高，但是一般建筑费在成本中比重最大。

在日本房地产界，买卖土地时，有一个独特的判断标准，叫"一种若干万日元"。它是指在这块土地上能建造的最大楼层建筑面积中一坪（约等于 3.31 平方米）的价格。

100 坪的土地，容积率为 400% 的话，这块土地可以建造楼层建筑面积最大为 400 坪的大楼。如果购买土地的费用为 4 亿日元，那么用它除以 400 坪，就是"一种 100 万日元"。

为什么会有这个"一种若干万日元"的标准呢？因为在房地产界，楼房的建筑费用是用每坪的单价来计算的。现在这个费用大约在 110 万日元。如果购买一种 100 万日元的土地，每坪的建筑单价为 110 万日元，那么"土地加建筑"就是成本价，即 210 万日元。

除此之外，还需要设计费、交易手续费、样本房建设费、广告宣传费等。这些加起来的成本，占最终房屋销售价格的 15% 左右。

这些成本累积起来，再加上开发商的利润，就决定了销售价格。一种 100 万日元购买的土地，它的销售价格大约每坪 350 万日元。20 坪的三室一厅的价格为 7000 万日元。

高高在上的房地产界

如今的时代，楼房广告宣传的主要媒体是网络。

想要买房的消费者首选也是网上找房。此时他们必定会浏览"SUUMO""HOME'S""雅虎不动产"等网站。

这种将新建商品房"集中展示"的网站鱼龙混杂，主要就是前面介绍的三家大网站，但也有其他一些网站。这种网站的泛滥，无论是对房地产开发商，还是对消费者来说都没有益处。

从开发商方面来看，因为想让尽可能多的人了解正在出售的楼房，所以希望能在更多的网站上推广。但是，几乎所有的网站都收费，展示的网站越多，广告费就越高。

另一方面，消费者也犹豫在哪个网站上查找效率更高。如果能把它们都集中在一个平台里，找起来也更方便。

要是房地产界的团体带头把它们汇集到一个网站就好了，我很早以前就考虑过这种问题，但是实现的难度似乎很大。这个行业真是一盘散沙。利己主义很强，只要自己好就行了，没有一个企业让人感到有"推动这个行业健康发展，不断进步"的意识。

"让他买房""下套"以及"灭掉"

不过，各个企业的营业态度有一个惊人的相通之处，那就是"轻视消费者"。

房地产行业的从业者们面对消费者时的心态，不是"请他买房"，而是更倾向于"让他买房"。

听了售楼中心工作人员以下的对话，就能更真实地感受到这种意识：

"这个楼的最顶层让那位医生来买吧。"

"这个便宜房子，只能给那个年收入低的某某先生下套了。"

"某某先生说预算是若干万，他攒了不少钱，让他买更贵的吧。"

"让他买房""下套"，这类对话每天都在进行。更过分的是，当自己介绍的房子被签约时，他们就说"灭掉"了一套房。那里根本感觉不到"请他买房"的谦逊意识。

让客人失去冷静判断能力的样板房销售

关于买房咨询，我有的收费，有的免费。免费咨询通过邮件进行。以邮件形式发到博客的咨询，只免费回答一次。

收费的是来办公室面谈的，一个小时 18000 日元，一般平均是两个小时。不收取附加费用。我会一直解说到客人满意为止。

接到这种咨询，总会让我思考消费者和房地产商的信息非对称性。缺乏房屋购买基本知识的消费者与老奸巨猾的房地产商，在样板房这个销售方的主场内战斗，对哪一方有利不言而喻。

我最近接到一个咨询案例，咨询人是一位四十岁出头的男性，家里有夫人和两个小孩。他打算买一套不到 1 亿日元的新房，但是自己只有 600 万日元的存款，他的年收入为 2000 万左右，剩下的以 0.77% 的变动利息贷款三十五年，每月偿还不到 25 万。这样算来的话他的确负担得起。

但问题是，还完贷款已经是他七十五岁以后了。我问他退休后怎么办，他的打算是"在某个时间点卖掉它"。

这显然不合理。显而易见他会在某个时候遇到问题。而且他看中的房子房价过高，离车站也不近。在我看来，十年后房价肯定会跌一半。

详细询问后得知，两个月前销售负责人说一定要一成的首付，约为 1000 万日元。但是他只能准备 600 万日元。一个月前销售人员突然改口"现在 600 万也不要紧"，不过"要在某月某日之前汇进来"，限定了一个很短的期限。

那栋楼房要一年半后才能竣工。为什么这么着急呢？着急签约是房产销售的惯用伎俩。因为给客人冷静思考的时间的话，很多人就会开始犹豫，最后不买了。他们常常会用"某月某日之前不决定的话，公司那边就请示不下来""还有人想买"之类的套话。

另一个咨询人想尽快卖掉所购的楼房。那套楼房是某个大型房地产商出售的。他跟这家企业分公司的销售人员商量，得到的回答是："请立刻卖掉，不然价格会跌的。"然而，咨询了另一家不属于该大型房地产商旗下企业的中介时，却被告知："住上两三个月再卖，价格也不变哦。"于是不知所措的他来找了我。

对此我只能笑笑。大型房企分公司的销售人员让他立即卖房，大概是因为自己公司的中介部门可以接到订单，从而从买家和卖家两头赚取手续费。

相反，别的中介看出了这一点，因此劝他"先住再卖"。住上一段时间再卖，咨询人与买房时的负责人关系就变得疏远，所以自己的公司就容易拿到专属的中介合同。这样至少很有可能赚到卖家的手续费。也就是说，这两家都只是从对自己有利的角度作出建议。

普通人在房产交易中与房地产商分庭抗礼可不是件

容易的事情。首先要冷静。其次要多花点时间。必要的话要找专家商量。

价格只告诉来访者

房地产商在广告上往往只会公开对自己有利的信息，这种陋习也无人管束。

例如，有一栋远离车站、靠近主干道、周围尽是工厂的大楼。在这个建筑物的官方网页上，直到竣工后建筑基地外的样板房被关闭为止，都没有显示过"现场指南图"。上面有的只是建在站前的交通便利的样板房指南图。概要上的地址没有写明用于收寄邮局快件的门牌号码，而是使用登记簿上的地号。这样的话，消费者就不知道这栋大楼建在什么地方。

房子的资产价值90%取决于地段。"建在什么地方"对于这栋楼房来说是最为重要的信息。连这个信息也满不在乎地隐藏起来，而且明目张胆如此行事的还是大型房地产开发商。

与地段同样重要的是价格。

"到底多少钱？"从消费者来看，只要合乎预算的话，就想去看样板房，价格太高的话，就不用特意去看了。好不容易的休息日，这么有限的时间，谁也不想在没有希望购买的样板房里度过。

然而，很多新建商品房在官网和其他网站上都没有标出价格。特别是与房屋图纸一起标出价格的就更加罕见。即使打电话询问，他们也不会告诉你。得到的多半是这样回答："如果您来看样板房的话，可以出示给您。"

为什么会允许这样的事态发生呢？实际上，这个行业有一个对房地产商单方面有利的规定。

"预告广告"这朵奇葩

房产广告有两种，分别是"预告广告"和"正式广告"。

"正式广告"是普通广告，必须明确标明卖什么、卖多少钱、谁卖之类的信息，这是规定。不过，为了满足最低限度的要求，只要用小字在概要中标明出售楼盘的最低价、最高价和价格集中区域即可。

因此，当他们"尽量不想展示价格"时，无论是在网络上，还是在夹在报纸里的传单上，都只会在最不起眼的概要部分，用小字悄悄标出价格。但是，即便如此，想看的人找到的话，也能了解大致的价格。

"正式广告"还算好，更奇葩的是"预告广告"。

现实中，在日本全国销售的新建商品房的官网和网站的介绍界面里，大约一半以上投放的都是"预告广告"。特别是开始打广告不到半年的楼房，九成以上显示的都是预告广告的信息。

那么，这个"预告广告"到底为何物？

它表面上是"还没有决定销售价格，因此不能卖给大家，但是可以告知建筑的内容"这种类型的广告。

但是，"预告广告"基本上都是表里不一。

官网上展示的是预告广告，而到了样板房，才给你看价格表，并询问你的购买意向。这种事情如同家常便饭，时常发生。

换言之，当开发商"不想展示价格"时就会使用预告广告。

常见的情况是，在官网上显示是"第三期"或者期限更晚的预告广告，不但没有价格，连物业费和房屋维修基金也没有标出。然而，建筑物已经竣工并开始入住了。

这种楼房的物业费和房屋维修基金不可能是"未定"。房屋价格没定好更是无稽之谈。"第三期"出售的房屋套数没定下来，但面积和布局却标出来了。

而且，当你到了样板房后，他们会向你推荐说"这是以前卖的户型",劝你签订"第一期"或者"第二期"卖出去的但没有签约"卖剩下"的户型。这已经是典型的推销活动和销售行为。

但是，官网上的预告广告上却写着"不能申购和预售"。这不是"虚假宣传"吗？

从消费者的角度来看，不到样板房跟销售人员面对面交谈，就得不到"哪一套卖出去了，价格是多少"这样最为重要的信息。

几乎所有的案例中，"预告广告"根本就不是什么"预告"，而只是卖家用来不告知"价格"这一重要信息的遮羞布。

从很久以前开始，我就一直主张应该修改"预告广告"这一单方面对消费者不利的广告规则。但是，业界自不必说，就连国土交通省等监管部门也没有任何举动。

购房者日益增强的疑虑

2015 年发生的"花园城市 LaLa 横滨"楼体倾斜问题，据说前来道歉的三井不动产 Residential 公司的员工们在业主大会上被愤怒的业主怒吼道："你们凭什么坐着？"于是直到会议结束为止，他们连续站了几个小时。

被信任的开发商欺骗而怒火中烧是可以理解的。然而，问题的根本还是在于消费者群体对整个开发商行业抱有不信任感。

每年都有几种大学生想要就职的人气企业排行榜发布，前三十名中能有一家房地产企业都算稀奇了。有的话那也是三井不动产或者三菱地所，绝对不是作为房地产开发商的三井不动产 Residential 公司或者三菱地所建筑公司。

就像"预告广告"所呈现的一样，新建商品房开发行业长年采取一种轻视消费者，甚至半是欺骗消费者的推销手段。这种商业陋习最终导致了消费者强烈的不信任感。这种不信任感会在发生"花园城市 LaLa 横滨"之类的事件时一股脑地爆发出来。

开发商方面蔑视消费者，长年累月地做着"让他买房""下套"这样的行为，造成了整个行业都不尊重消费者的不幸现状。

"雪藏"的恶习

在新建商品房销售市场蔓延的"轻视消费者"的商

业恶习，在二手房流通市场也同样泛滥。

如前所述，接受消费者关于房屋的各种咨询是我的工作之一。不仅是买房，关于卖房的咨询也很多。

我介绍一个生活在东京市中心的楼房里的 W 女士的案例。

W 夫妇没有孩子。男主人年事已高，住在自己家中不太方便，因此住进了靠近海边的养老院。二十年前买的市中心的楼房，最近一年左右都是女主人一个人居住。但是，由于他们在男主人住的养老院旁边买了别的房子，因此决定卖掉现在居住的市中心的房子。

于是女主人委托了大型房地产商的联属公司 Y 公司。

负责人来到还在住人的 W 女士的家中说道："我们公司出 2800 万日元买下来吧。"

W 女士知道同一栋楼房内，新装修好的房子卖了 3980 万日元。

"这个有点低啊……"

最终，因为还在住人，所以决定以 3580 万日元的价格出售。

签订专属专任中介合同两周后，负责人打来了电话。

"有一个商家非常想买您的房子，我把他带过去。"

来的这位"商家"在还有人住的房子里到处拍照，然后说道："我们公司可以出 2900 万日元买下。"

他们当然被 W 女士回绝了。不过，在此之后，W 女士开始对这个负责人产生了怀疑。

又过了两周后，负责人领来了另一个商家。

"行情在下降，现在这个价格卖不出去。我们公司可以出 3000 万日元。您能不能定下来呢？"

越发觉得不可信的 W 女士给我发了封邮件，写明了事情的原委，然后问应该怎么办。

"那么，能不能让我看看房子？"

我和跟我交情不错的中介公司一同拜访了 W 女士的住宅。

虽然建成有三十五年了，但十年前重新装修过，房子的状态非常好。而且地段极佳，离地铁站只有两分钟，周边环境优雅。我判断下来物业管理状态也是良好。

"有的地方再装修一下，可以卖到 3800 万以上。"

我与在场的中介的意见一致。我们向 W 女士说明了情况，决定在她搬走后重新装修。我们又估算了一下装修费用。包括洗澡间和厨房以及改变部分布局在内，装修费用一共 270 万日元，这些让 W 女士承担。房屋售价定为 3980 万日元。

待宰的羔羊

这是典型的"雪藏"和"冷落"行为。

首先，尽管 Y 公司的负责人与 W 女士签订了独家中介合同，但完全看不到正式招募买家的活动迹象。签订中介合同后一个月内领来的只有两个收购的商家，普通客人一个也没有。而且，一开始他还提出由自己公司来买。这是怎么一回事呢？

他在这里打的算盘，大概是想自己公司用 2800 万买下，再花 200 万左右装修，最后以 3980 万卖出。这么一来就可以获得 980 万的利润。接下来他再介绍给收购公司。假设 W 女士决定以 3000 万卖给收购公司，Y 公司可以从买卖双方收取 3% 另加 6 万日元的手续费。仅这些税前就有 207 万日元以上。除此之外，收购公司应该会给 Y 公司或者负责人本人一些谢礼，业内的习惯是给 3%。

假设 W 女士 3000 万日元卖掉房子，与我们提议的价格相差 700 多万日元。这 700 多万日元最终是落入 Y 公司、收购公司或者负责人的手里。

如果对中介言听计从，消费者就会在这一流程中被宰。

此外，我推测他们之所以一次也没有介绍普通客人，是因为他们从一开始就没有这种想法。

本来，签订了独家合同，就必须将房屋信息录入全行业指定的房地产信息网络系统 REINS（Real Estate Information Network System）。一旦录入，所有的房地产商都可以看见这个房屋信息。而且，他们也可以介绍购房者。也就是说，在 REINS 登记的房子，所有房地产商都会帮忙找买家。事情本该如此。

但事与愿违。

法律规定，签订独家中介合同，就有义务在 REINS 上登记。如果违反规定将受到处罚。所以，不出意外的话，中介会在 REINS 上登记。

这么做当然会有公司想要介绍购房者。如果这种公司打电话来说"我想介绍顾客"时，又会如何呢？

他们会说现在正在洽谈而拒绝来电。

业界将这种行为称为"雪藏"。W 女士的楼房基本可以确定是被雪藏了。

而且，几周不介绍看房人，却告知"咨询的人太少了"，这用行业术语叫做"冷落"。此后，提出大幅度削减售价的手段叫做"压价"。

就这样，他们使出浑身解数从卖房者手中逼出对自己有利的条件，最终目的就是想要杀价购买、大赚特赚，

表 1 主要中介公司的平均手续费费率

公司名称	平均手续费费率（%）
住友不动产销售公司	5.21
东急Livable	4.95
大京集团	4.86
住友林业家政服务	4.50
三井住友信托不动产	4.39
大成有乐不动产销售公司	4.36
瑞穗不动产销售公司	4.11
三菱UFJ不动产销售公司	4.10
野村不动产集团	4.00
三菱地所房地产服务	3.69

※2016 年上半年

摘自《周刊住宅》2016 年 11 月 28 日刊

这就是中介公司的基本立场。

　　W 女士受到的"雪藏"和"冷落"等待遇，并非一部分黑心企业做的特殊事例。在房地产中介的世界里，从财阀系的大型房企到街面上的小型房企，普遍都如此行事。反倒是没有被"雪藏"的房子更少见。大型中介的平均手续费费率如实地反映了这一点。

双向中介应该被视为违法

"雪藏"这个严重损害卖方利益的恶劣商业行径之所以能够横行，是因为日本的房地产中介承认"双向中介"（图3）。这种行规本身就很奇怪。

促成房屋买卖时，从买卖双方同时获得手续费的行为叫做"双向中介"。与只经手买方或者卖方"单向"中介相比，可以得到双倍的手续费。

无论是双向，还是单向，房产中介花费的时间都差不多。既然如此，房产中介当然想要做双向中介。为了达成这一目的，在与卖家签订独家中介合同的基础上，需要自己找买家。因为卖给其他中介找来的买家，只能得到单方面的手续费。

但是，由于规定必须在 REINS 上登记，因此他们姑且先登记，之后即使其他中介打电话来介绍买家，也以"正在洽谈"为由拒绝。这是典型的意欲取得双向中介费用的雪藏手法。

卖家和买家，一个是想"高价卖出"，一个是想"低价买入"，彼此利益相悖。民法禁止"双方代理"，即禁止成为利益相悖的双方的代理人。

房产中介公司的双向中介是几乎等同于双方代理的

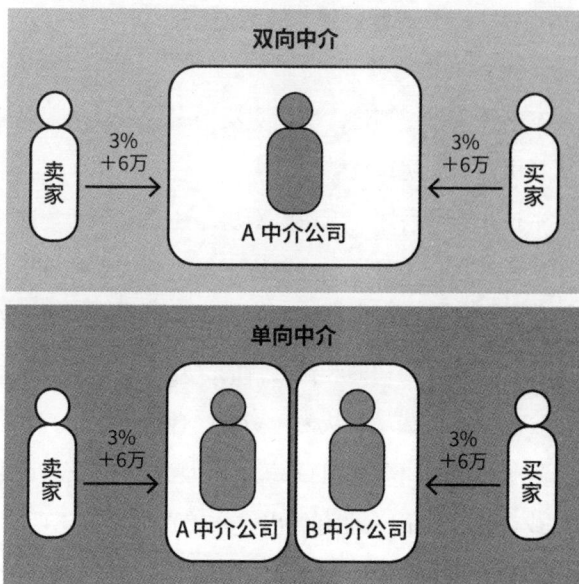

图 3 双向中介的架构

行为。当然，我认为可以通过法律来禁止，但现实并非如此，这在日本是 100% 合法的。但是，欧美很多国家和地区原则上禁止这一行为。

如果承认双向中介的话，"雪藏"行为就更容易进行，卖家的利益也会受损，无法形成健全的房地产市场，因此原则上应该禁止双向中介。

呼吁对外开放 REINS

本书开头已提到过，今后买卖楼房的主战场很可能会从新房向二手房市场转变。

不过，如前所述，无论是新房，还是二手房，就房地产交易而言，很难说已经形成了健全的市场和价格机制。现今运作的商业习惯和商业体系，都只出于单方面保护卖家和中介公司的利益的目的，对于消费者被宰却一再容忍。相关法规也认为一切都是合法的。

为什么这些不健全的系统、法规迄今也没有改善呢？或者说，为什么没有做出像欧美那样提高透明度，保护消费者利益的改革呢？

比如，前面提到的 REINS 这一指定交易信息系统，按照规定所有出售的二手房都要在上面登记。

但是，消费者不能自由浏览这些信息。自己想要卖房时，也不能直接在 REINS 上登记。想要浏览 REINS，必须作为中介公司，获取宅地建筑交易业的营业许可证，并注册成为 REINS 会员。能够录入房屋信息的只有宅地建筑交易公司。为什么只有企业可以呢？对此我抱有很大疑问。

如果消费者可以看 REINS 查找房源，就不需要找中介公司了。自己能够录入房源信息也是同理，也没有必要经过中介公司了。

假设普通人也能够登录 REINS，并在里面查找房源的话，会怎么样呢？

或许可以完全不经过中介公司，通过个人间的协商达成交易。那样的话，就不用支付 3% 另加 6 万日元的中介费。合同的制作与登记等委托给司法书士，并给与适当的报酬即可。原本买房就必然会产生这些费用。

如果不想与对方直接交涉，可以支付中介费，让中介公司从中协调。或者，需要专家的意见时也是一样。权利关系复杂的话，与司法书士或者律师商量也不失为一个方法。简单来说，就是不需要像现在这样什么都依赖中介公司。

对外公开 REINS，对于消费者来说交易形式变得多样化，并且房源的选项更多，几乎没有任何坏处。

相反，对于中介公司来说都是坏处。迄今为止垄断的信息被公开，就不能赚取中介费，损失既得利益。如果对普通大众开放 REINS，很可能一半以上的中介公司都会被迫倒闭。

然而，已经沦为中介公司既得利益保护系统的REINS，真的就不能对外开放吗？

但如果有这种动向，房地产商从大到小都会站起来反对。对于他们来说，这是生死攸关的问题。

二手房交易的新可能性

一方面 REINS 没有开放的可能，另一方面网上也出现了让买卖双方直接匹配，意图达到同样效果的尝试。索尼不动产和雅虎合作的"一步到家"网站就是其中之一。不过，现阶段它们还没有发展到足以威胁到房地产行业的程度。

假设这种网站中有一个发展壮大，大到可以占据几成房地产交易的程度，那就能达到开放 REINS 一样的效果。

现在没有法律阻止买卖双方通过这些网站进行直接交易。因此，今后有可能某家匹配网站飞速发展，使几年后的二手房市场交易状况发生翻天覆地的变化。

如果对于消费者来说，二手房市场的状况比现在更容易了解，使用起来也更方便的话，那么日本人也应该能更容易地适应楼房这个居住形态。

如今还是"黎明前"的状态。网络社会的进步，为改善日本人与楼房之间的关系，增加了可能性。而对于新楼盘开发商和现存的中介公司来说，形势则变得越来越严峻。因为之前他们利用房屋买卖中信息的不对等，赚得太容易，也"赚得太多"。然而，这种时代不可能一直持续下去。

第五章
周而复始的房地产泡沫

形成泡沫的轨迹

"又来了……"

2015 年年初，我确实感受到了房地产泡沫的脚步声。

这是我经历的第三次泡沫。

说实话，我完全没有想到有生之年还能再遇到房地产泡沫。我不得不对自己的失察感到羞愧。

不过，引发这场泡沫的契机，很明显是连经济分析家们也始料未及的金融政策的巨大转变。

我来追溯一下人生经历的第三次房地产泡沫的始末。

首先，在我确认这场泡沫的 2015 年年初的五年半前，即 2009 年夏天，在次贷危机引发的经济大衰退中，通过"世纪的政权交替"诞生了民主党（现今的日本民进党）政权。随后的三年，日本国内在陷入经济困境的同时，也充斥着一种难以言表的闭塞感。

在国民的期盼中诞生的民主党政权令人心灰意冷。他们毫无作为，说话不负责任。最致命的，是"3·11"东日本大地震的发生和政府摇摆不定的应对方针，这导致民众对于政权的不信任感蔓延，之后民主党的支持率不断下降。

当然，这三年房地产市场也进入了"隆冬时节"，房价一路下滑，市场状况没有改善。

虽然贷款利率走低，房贷的退税范围也扩大了，然而房地产市场没有回暖的征兆，依然持续萎靡不振。

银行的融资态度变严，房贷申请难度增大。在这样的时代里，对于投资用的房地产信贷审核也更加严格。

这个时代负责金融政策的是日本银行总裁白川方明。他对此的态度近乎无为，没有推行任何有实际效应的金融政策。

在此期间，等同于美国中央银行的美联储（FRB）连续推出量化宽松政策（QE）。中国也很快向市场投入了大量的资金，带动世界经济回暖。世界经济通过吞食"量化宽松货币政策"这一管理货币制度的"禁果"，步入了复苏的轨道。

接下来，日本也于 2012 年末实现了政权交替。夺回政权的是自民党党首安倍晋三。

次年即 2013 年 3 月，日本银行总裁更换为黑田东彦。"异次元货币宽松政策"与"安倍经济学"同时拉开了序幕。

实际上从安倍经济学启动之前的 2012 年后期，日本股价就开始回升。"3·11"大地震的复兴计划的影响开始显现。

新建商品房市场也在 2013 年年初明显回暖。房地产市场一片光明，人们笑着互相打招呼道："行情动起来了。"

在此基础上，加上黑田日银总裁打出的"异次元货币宽松政策"，银行对于房地产的贷款态度一下子缓和了，房子也逐渐开始畅销了起来。

当时，我向外界发表了"这是迷你泡沫"的观测意见。媒体邀请我撰写有关房地产市场的稿件时，我也这样写。当然，在博客上我也多次指出这是"迷你泡沫"。

"黑田泡沫"的到来

2014 年 4 月消费税从 5% 提升到了 8%。不仅是房地产市场,日本经济整体都被泼了一盆凉水。消费遇冷,也开始体现在各种经济指标上。

我在各大媒体上不断发表以"迷你泡沫即将结束"为主旨的分析。当时,我明显看到了房地产市场不景气的苗头。

然而,2014 年 10 月 31 日,日银的黑田总裁发布了"第二个异次元货币宽松政策"。这就是被戏称为"黑田 2 号火箭筒"的以日本金融史上前所未有的规模推行的货币宽松政策,其中最招人眼球的是仅基础货币一年就追加了 10 万亿到 20 万亿日元,共计投放近 80 万亿日元这一政策。

谁都没有料到这个"2 号火箭筒"会如此发射。

面对这个可谓"不寻常"的货币宽松政策,日银内部意见也分为两派,表决是"如履薄冰"。

日银的金融政策是由九名政策委员(一名总裁、两名副总裁和六名审议委员)在金融政策决定会议上决定的。这个"不寻常"的决定是以"五票赞成、四票反对"的一票之差通过。其中,日银执行部的正副总裁三人赞成，剩下的六名审议委员中两人赞成，四人反对。

这个支持与反对的构成着实耐人寻味。投赞成票的是前官僚和日银出身的学者派委员。四个反对者则全为民企出身。

根据看法的不同，也可以认为，旧大藏省出身的黑田总裁强迫老部下们说"无论如何消费税也要提到10%"，其结果是强行推行了超越经济学理论和企业家常识的货币宽松政策。这个政策就是如此"不寻常"。

但是，正是因为太惊人了，所以其效果才显著。

在外汇市场，日元更加贬值。股价也急速攀升。房地产当然也是盛况空前。

次年，即 2015 年年初，就房地产市场而言，我确信这已不是"迷你泡沫"，而是真正的泡沫，并且是让人浑身不自在的泡沫。

这个可以称之为"黑田泡沫"的现象，与我之前经历过的两次泡沫相比，有两个显著的不同特征，那就是"仅限投资需求"和"仅限特定地域"这两个强有力的"限定"。

回顾前两次房地产泡沫，第一次的平成泡沫几乎没有地域限定，全日本的房地产疯狂上涨。

次贷危机后反弹的第二次房地产迷你泡沫时，房价上涨波及二三线城市和大城市的郊区。不过，日本整体的房地产价格并没有上升。

第一次平成泡沫是与团块世代（即 1947 年到 1949 年间，日本第一次人口爆发期间出生的人）的住房需求相重叠，第二次的房地产迷你泡沫是与第二团块世代（即 1971 年到 1974 年间，日本第二次人口爆发期间出生的人）的住房需求相重叠。也就是说，两者都相应地伴随着"确实想住"的需求。

然而，"黑田泡沫"里却看不见"确实想住"的刚需群体的动向，基本上只是出于"升值""用于租赁"以及"应对遗产税"等投机性需求。

不得不说，这跟多少伴随刚需的前二次泡沫相比，实质是相当不健康的。因为投机资金逃跑的时候，一般会在短期内一起撤退。如果发生这种情况，有可能会引起日本房地产市场前所未有的"短期暴跌现象"。

2016 年 1 月 29 日，黑田总裁发射了"3 号火箭筒"，宣布执行日本金融史上第一次负利率政策。针对市面上的银行放在日银的准备金存款，日银要收取 0.1% 的利息。作为银行来说，把钱存进去，还要交利息，这是无法忍受的，当然想要避免这一结果。于是，从日银撤回的资金需要寻找某个有利可图的投资对象，因此货币政策就更加放宽了。

受这一政策的影响，房贷利率进一步下降。而且，此前已经相当宽松的房贷审核变得更加宽松了。

这与以前因为宽松的房贷测算而积累了一大堆呆账坏账的平成泡沫后的"住专问题"[1]，以及以雷曼公司破产为引爆点的美国次贷危机在构造上有某些相似之处。我认为"3号火箭筒"也与它的前任一样，都是会给将来带来危险的金融放水政策。

为什么商品房容易泡沫化?

新建商品房的开发商、买卖二手房的中间商、作为买卖媒介的中介公司，这三者都涉及买卖新房或者二手房。在消费者看来，它们都一样，都是所谓的"房地产公司"。

日本的房地产交易，还真离不开这些"房地产公司"。

它们确实也具有容易形成泡沫的体质。

---

[1] "住专"的全称是"住宅金融专门会社"，包括"日本住宅金融公司""住宅按揭服务公司""住宅综合中心""相银住宅按揭公司""第一住宅金融公司""地银生保住宅按揭公司""日本住宅按揭公司"及"协同住宅按揭公司"这八家机构，除"协同住宅按揭公司"外七家公司均因泡沫经济时期投入的多数不动产贷款不能回收，导致出现大量不良债权，这一事件被称为"住专问题"。

在此，我想要通过三者的作用来考察它们与房地产泡沫的关系。

① 新建商品房开发商

要开发和销售房屋，就要"有土地"。

如果买不到土地，企业活动就无法展开。因此开发商公司内部被称为"土地""采购"或者"事业企划"的部门，有一个不可思议的定额任务，那就是"一年买入若干亿日元的土地"。

要说哪里不可思议，就是虽说是买土地的任务，但是指标单位不是"坪"或者"平方米"，更不是"栋"和"户"，而是"亿日元"的金额。

世上行业成千上万，采购单位明确用"亿日元"来计算的，除了金融机构以外，恐怕就只有房地产商了。

从某种意义上来说，这不正是房地产这一商品不是有形的"物品"，而是性质接近于金融商品的无形之物的象征吗？

诸位读者可能觉得 20 世纪 90 年代初期破灭的平成泡沫已是遥远的过去的事。但对 2008 年因次贷危机而破灭的房地产迷你泡沫的情景，应该多少还有些印象。当时的泡沫被称为"房地产迷你泡沫"或者"基金泡沫"。

大体来看，当时呈现出泡沫化的只有房地产。

平成泡沫时代，问题主要出在房地产和股票，部分人工费也多少有些水分被挤干。

因此请思考一下。如果不是泡沫，而是在经济形势良好的情况下，社会上所有物品和服务价格都会上涨，并且销路畅通。因此，最终大家的工资也会增加。

但是在经济泡沫中，价格上涨的总是房地产，还有股票和一小部分人工费。超市里卖的东西价格没有变化。所谓的"物价"并没有上涨。想到这一点，你不觉得很神奇吗？

那么这个"泡沫"究竟是什么呢？

2015 年以后，商品房价格真正发生泡沫化的地区是有限的。它们分别是东京的市中心、城南、湾岸地区，川崎市的武藏小杉地区，横滨的港未来的部分建筑，以及京都的御所周边和下鸭地区。

确切地说，在其他地区，新建商品房的价格并没有呈泡沫式上涨。福冈和仙台也出现涨价现象，但那与其说是经济泡沫，不如说是由强劲的刚需带动的健康上涨。

实际上，从 2013 年到 2015 年，全国新建商品房都有涨价倾向。其原因是在建筑工地干活的工人大幅减少，导致人工费上升。也就是说，是成本推高价格上涨。

但是，前面列举的泡沫化地区，销售价格却上涨到仅凭这一点无法说明的夸张程度。其中甚至有的楼盘卖到一半又涨价了。为什么会发生这种现象呢？

前面说过，原本新建商品房在买到土地时，已经定好大致的销售价格。尽管如此，中途提高销售价格的理由只有一个。

"再多赚点！"

卖家的开发商就是这样想的。

细想起来，这也很不可思议。比如，某汽车厂制订了一个"若干个月内卖掉1万台售价300万日元的汽车"的计划。因为比预计提前卖掉了5000台，所以剩下的5000台就要卖350万日元。会有这样的事情发生吗？正常来说是很难想象的。

商品房与车型相同、所有的性能也都相同的汽车不一样，每一户都有差别。话虽如此，但如果在同一栋大楼内，房型相同只是楼层不同的话，那就等于几乎没有区别。尽管如此，二十三楼的住户是每坪单价300万日元签的约，因为楼盘卖得很好，二十二楼每坪的价格就要卖到350万日元，这种事情时有发生。房地产行业就是这样。

而且，理直气壮如此行事的不是二流的中小企业，而是行业的龙头企业。我对此深感不适，认为这是极不正常的。

但是，这种情况普遍存在。房地产商虽没有大张旗鼓地公开表明，但是当着买房人的面也没有遮遮掩掩。

"现在不买的话，或许就涨价了。"他们总是这样半威胁、半逼迫地让购房者签约。连大型财阀系房企都公然如此操作。正是这种行业秉性，造就了泡沫的温床。

新建商品房开发商之所以有这种容易泡沫化的秉性，不正是因为他们骨子里存在着罕见于其他行业的、过度"轻视消费者"的企业立场吗？

"要尽量高价卖出""赚得越多越好""尽量让顾客高价购买"……只要龙头企业抱着这种商业立场，新建商品房市场一旦具备条件，随时都有可能泡沫化。而泡沫必定会破裂。每次泡沫破裂，经济基础弱的企业都会被淘汰，只有大型房企和其分公司才能存活。当经济好转时，又有别的行业参与进来，出现独立的专门搞房地产的开发商。事态就是这样周而复始，循环往复。

② 二手房中介公司

那么，参与买卖房地产的另一个"房地产商"的中介公司又是怎样的呢？被称为"流通商"的它们又是如何成为房地产泡沫的帮凶的呢？

大型房企旗下的中介公司有三井不动产 Realty（三井 Rehouse）、东急 Livable、大京穴吹不动产、住友不动产销售公司、野村不动产城市网、大成有乐不动产销售公司等。其中，经常能看到住友不动产销售公司、大成有乐不动产销售公司、东急 Livable 等"代理销售"各自的母公司作为开发商开发的新建商品房。

它们作为销售代理，以"彻底大赚一把"这一利益至上主义为原则，扮演马前卒的角色。但它们绝不是主角。

此外，前面介绍的出于"双向中介"目的的"雪藏"行为，这一严重损害卖方利益的商业习惯也与经济泡沫无关。无论经济形势好与不好，是不是存在经济泡沫，"雪藏"都是常见的行为。

设计让收购商购买的行为也是常有的商业习惯，绝不是经济泡沫时期特有的产物。

也就是说，它们接受卖家的委托，不论找的买家是收购商还是普通人，这种中介行为与市场泡沫没有太大关系。只是市场存在泡沫的时期，其交易就会变得更活跃，商业活动更容易进行而已。

③ 活跃在泡沫期的中介公司和代理商

起到助长经济泡沫的不是大型房企的关联企业，而是独立的中介公司，或者是所谓的"代理商"这样的独狼式的独立代理商。他们在某一方面来说也是市场泡沫的主角。

说白了，这伙人干的就是"倒卖土地"（图4）的勾当。

例如，假设某位土地所有人，将可以进行房地产开发的土地托付给 A 代理商转卖。这个所有人可以是自然人或者企业，总之前提是手里有地，但对于房地产交易比较陌生。

A 代理商在土地所有人耳边吹风道："这块地价值10 亿日元。卖给我吧。明天我就支付 5000 万定金，所以我们签约吧。剩下的 9 亿 5000 万一时凑不齐，请等我三个月。三个月后一定两讫（支付余款，接收交割的土地）。"

如果这个土地所有人同意的话，代理商就有钱赚了。A继续跟所有人咬耳根说："请不要跟别的公司说起这件事哦。让大家知道你因为手头紧而卖地，总不太好吧。"

因为需要换成现金，有不少所有人卖了不该卖的土地。他们基本上都是"为钱所困"。因此卖土地时，大都想要"悄悄"卖掉。

于是A代理商首先在行业圈之外的人脉中，寻找能买土地的个人或者企业。假设这个人脉中，有一个能购买土地的普通人B。A就开始打B的主意。

"我有块好地。卖13亿日元。我是卖家，13亿就转让给你。不过，中间要加入一个C中介公司。"

在这里，如果普通购买人B决定"购买"，事情就好办了。

A代理商与普通购买人B签订土地买卖合同，向B如数收取定金。《宅地建筑物交易法》规定定金为成交额的20%以内。因此A代理商可以获得2亿6000万的定金。

然后，A代理商告诉土地所有人："余款准备好了，我们在某月某日交割吧。"

交割日当天，土地所有人、A、B、C和司法书士一起聚集在某个银行的会议室里。有时土地所有人和B

图4　倒卖土地的流程架构

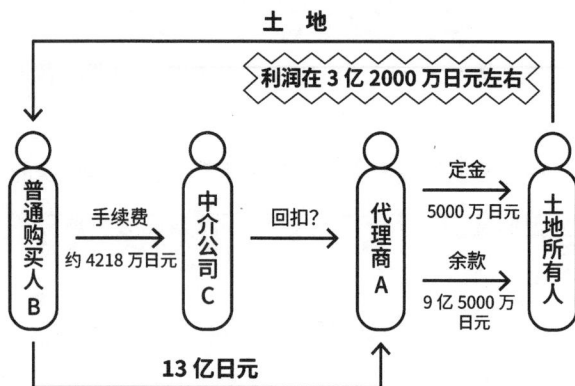

土　地

利润在 3 亿 2000 万日元左右

普通购买人 B —— 手续费 约 4218 万日元 —→ 中介公司 C —— 回扣? —→ 代理商 A —— 定金 5000 万日元 —→ 土地所有人

代理商 A —— 余款 9 亿 5000 万日元 —→ 土地所有人

13 亿日元

会在别的会议室里。

　　接下来，首先 B 向 A 汇入余款。然后 B 向 C 支付 4218 万多日元的中介费和消费税。

　　这一下，A 到手的就有整整 13 亿日元款项。随之 A 再从自己的账户向土地所有人汇入 9 亿 5000 万日元余款。土地所有人确认到账后，就在过户资料上盖章。

　　司法书士确认材料后，将土地所有权登记从土地所有人改为 B。有的要去登记所，但最近也有可以网签的情况，当场就能完成手续。司法书士将土地权利书交给 B 后，交易就完成了。

　　A 代理商虽然在民法上暂时拥有该土地，但不留登记记录，因此这种交易被称为"中间省略"。

简单来说，就是 A 代理商将土地所有人或许能以 13 亿日元卖给 B 购买人的土地，在巧妙劝说"我出 10 亿日元买下"的基础上，找出 B，卖了 13 亿日元，从而轻而易举地赚到 3 亿日元的差价。

而且，还在 B 与 A 之间加了关系密切的 C 中介公司。A 定会从 B 支付给 C 的 4218 万多的中介费中索取回扣，回扣的比率各有不同，50% 的居多。也就是说，A 代理商在这场交易中赚了 3 亿 2000 万日元左右。

假设 A 代理商采用常用的"双向中介"，将这块土地以 13 亿日元介绍给 B，赚取的中介手续费就是 6% 另加 12 万日元，共计 7812 万日元（税后）。然而，通过"中间省略"的手段出售，就会比普通的"双向中介"多赚 2 亿 4000 万日元。相反，土地所有人就失去了这部分"应得的利润"。

乍看起来这场交易好像是 A 代理商的欺诈行为，但它完全是合法的，而且在中间商行业内，这种操作极其常见。

以上解释的是中间商交易中的最简单的结构。实际上还有过 A 代理商和普通购买人（企业）B 之间，夹杂着好几个人（或公司）的中间商的案例。

在这个案例中，B 不是商家，而是普通购买人。但其实对于 A 代理商来说，只要对方有"购买"意图，并且有购买能力，即使对方是开发商也没有关系。

遇到房地产泡沫时，土地所有人 10 亿日元卖出的土地（或者建筑物），几个月内经过多次"中间省略"和反复转卖后，价格翻倍的情况也并不罕见。

中间商们使用着在普通人看来是违法的"中间省略"商法，四处钻营，试图在短时间内赢得巨额财富。泡沫就在房地产被不停转卖的过程中变得越来越大。可以说没有在转卖市场上兴风作浪的中间商，就没有房地产泡沫。

说起来，使用"中间省略"等欺瞒式买卖伎俩的中间商，就好比房地产泡沫中一朵"无果之花"，他们正是推动房地产泡沫化的主角之一。

房地产泡沫究竟是什么？

我把自 2013 年开始的源自安倍经济学的房地产畅销热潮称为"迷你泡沫"。

2014 年 10 月末"黑田 2 号火箭筒"发射后出现的异常行情和价格上涨，让我确信发生的是真正的"房地产泡沫"。当然要附加上前面提到的投机需求和地域的限定条件。

我之所以称其为"泡沫"，是依据以下这些显而易见的因素。

当出租房屋获得的投资收益率实质上低于 5% 时，可以判定房价存在泡沫成分；而低于 4% 时，基本上就可以判定为完全的泡沫了。

自 2015 年下半年起，东京市中心出售的商品房预期收益率大多数都没有达到 5%，有的甚至还大幅低于 4%。这已经可以明确地说存在房地产泡沫了。

我可以解释得再详细些。自安倍经济学出台以后，购买东京市中心新建商品房的人，大都不是为了"自己居住"的实际需要，而是用于投资。购买者是作为"爆买"的主力中国人等的外国人，还有以应对遗产税为目的的富裕阶层。

想要投资的客人看完样板房后，销售人员一定会拿出"预期收益率"和"预期租金表"等资料。这些是将房子租出去后，每个月能租多少、成本多少、最终的收益率是百分之几等数据的模拟演算结果。

当然，说到底这些只是"预期"，资料的角落里肯定会写着："这只不过是根据附近同类房屋的租金情况估算出来的预期收益，不代表实际收益。"

2015 年上半年，即使是在"预期"估算中，也已经有大半的房屋收益率仅在 5% 左右。

工资不会泡沫化

请冷静地思考一下。所谓的租金，是要有人来租房之后才开始产生。以投资为目的购买的房屋，如果没有人租会怎么样呢？

首先，会增加成本。物业费加上房屋维修基金，或许还要另附宽带费用，以及固定资产税和城市计划税。

没有租金收入，这些都是只出不进的赤字。

如果一年没有人租，赤字金额会相当庞大。如果买的是东京市中心一亿日元左右的塔楼公寓，一年下来也许会达到 100 万日元左右，那就根本谈不上什么收益率了。

还有一个严峻的事实。那就是房屋的交易价格会泡沫化，但是工资不会。为什么呢？原因很明白。无论是新房，还是二手房，有人以投资为目的购买，但是没有人以相同的目的去租房，不会发生"经济形势良好，再租一套吧"这种需求。因此租房需求都是刚需。

如前所述，泡沫只发生在股票和房地产市场，几乎不会波及普通消费品和个人收入。换言之，即使发生房地产泡沫，也基本上不能期待工资会涨。

支撑租赁市场的是工薪阶层，或者是普通公司对宿舍的需求。它们都不会影响到房地产泡沫。也就是说，无论房屋的交易价格怎么泡沫式地攀升，也基本不会波及房租价格。泡沫越大，房屋的投资收益率越低。因此，我认为收益率低于 5% 时，房价就存在泡沫的成分。

逐步下滑的房租

更进一步说，当今日本的住房，整体处于相当大的供给过剩状态。

根据总务省 2013 年进行调查、2014 年公布的《住宅和土地统计调查》，全国的空房率为 13.5%。而房地产网站"HOME'S"显示，东京都千代田区的租赁房的空房率经常超过 30%，中央区和目黑区很多时候也超过 20%。

最近几年，租赁房的房东向中介公司支付几个月的"广告费"，入住后免去一个月左右租金的"免费租赁"十分盛行。这其实就是在降租金。

如前文所述，虽然部分泡沫地段房屋价格高涨，但是租金却在逐步下滑，这就是现实。房租价格原本是根据"需求和供给的关系"形成的，因此在供给过多的情况下，租金下降也是正常的。因此，局部泡沫地段的房屋投资收益率也必然会下降。在这些地区高价购买房屋、想减少遗产税的富裕阶层和外国人没有注意到这一点。他们一般只是想当然地认为自己不住，"租出去就好了"。他们是被在样板房里看到的"预期租金表"这一纸空谈所欺骗了。

安倍经济学出台后，因规避遗产税和日元贬值引发的外国人购房需求，使得市中心和湾岸的塔楼公寓十分畅销，如今这些楼房都陆续出现在租赁市场上。为了进一步确保升值的利润，已有人在二手市场开始出售房屋。

本来就有些过剩的租赁市场眼看着会变得更加供大于求。租赁市场的过剩孕育着风险，有可能成为泡沫破裂的导火索。

东京也在追赶世界性的泡沫

2015 年将日本的房地产引向泡沫的"买方"主力之一是外国人。

如今已经不能只以国内形势来思考日本的房地产市场。因此我尝试着将目光稍微转向日本周边国家的经济状况。

次贷危机以后，中国经济引导着世界经济走向正轨，其手法基本上与"黑田3号火箭筒"相同，即向市场投入大量的资金和压低利息。结果中国出现了类似泡沫的现象，股票和房地产价格也一路飙升。于是，进一步膨胀的资金自然而然转向海外。

在中国的香港地区，从内地涌来的泡沫资金四处抢购房地产。2015年春，我接受了香港的电视台和报纸采访。关于日本房地产，想必他们采访过各类人士。当然，我也不能坐失良机，反过来也采访了他们。

"香港的住宅市场怎么样呢？"

刚从大学毕业两三年的年轻女记者，立刻愁云满面。

"从内地来的人到处抢购房子，价格涨得太高，我就是花上一辈子，也不可能拥有自己的房子。"

据说，即使便宜的商品房，也是她年收入的五十倍。这要是换算成投资收益率会是多少呢？一定是1%左右吧。

不到一百年，都回收不了投资资金。怎么可能有这种投资？而且，投资的房产能够一百年都保持与投资价格相应的价值吗？这种"高风险，低收益"的投资显然不太现实。这毫无疑问就是泡沫。

东亚的泡沫影响到的不仅仅是香港。北京、上海等中国大陆的主要城市自不必说，连台北，乃至国外的新加坡也受到波及。

其实，房地产价格高涨并不是东亚特有的现象。最近几年，纽约、伦敦和巴黎的中心地区房地产价格也泡沫式地上涨。

细想起来，这也是理所当然的现象。

为了从次贷危机后的经济萧条中走出来，中国、美国、英国和晚半拍的日本纷纷推行了"异次元货币宽松政策"。

这种世界性的货币宽松政策，导致全世界的资金泛滥。这些资金涌向各国的房地产市场，也是合理的现象。东京可算是这种世界性泡沫现象蔓延的最末梢了。

然而，泡沫终归是泡沫，是没有实质的东西，这一点是不会改变的。它最终还是要面对破灭的命运。

前面写了"收益率不满 5%，就存在泡沫的成分"，用 5% 简单计算的话，不到二十年，投资资金就收不回来。4% 的话，资金回收需要二十五年。而且，资产还有贬值的风险。因此，我无论如何也不认为这是现实可行的投资目标。

我认为，所谓的房地产投资，即使是市中心条件良好的房屋，收益率最低也要在 5% 到 8% 左右，这样才合适。这也是十五年到二十年能够回收投资资金的收益率。考虑到资产贬值或者因灾害而失去的风险，这个收益率刚刚好。

因此，新建商品房的销售价格根据预期投资收益率5%到6%左右倒推来估算，才是健康的水准。考虑到这一点的话，2014年年末开始的以东京市中心为主的"局部泡沫"地区的价格上涨是相当不健康的。

第三次泡沫也终将破裂

我试着从"房地产投资"这个角度来深挖这一波泡沫。

其实，只要经济持续增长，房地产投资就很简单。

但是在日本这个国家，在最近的四分之一世纪期间，经济并没有增长，GDP（国内生产总值）也始终在500万亿日元上下浮动，几乎没有增长。2015年9月安倍首相提出了"到2020年，GDP达到600万亿日元"的目标，不过目前看来恐怕是难以实现。[2]

在日本的GDP在500万亿日元上下徘徊之时，中国的GDP增长了二十倍以上，2010年超过了日本，现

---

〔2〕2020年日本官方公布的GDP数据为539.3万亿日元。

在则轻松达到了日本的两倍以上的规模。

房地产的资产价值会随着经济增长而上升。经济增长的地区和国家的房地产利用价值会不断上升，因此在经济增长国家，包含住宅在内的房地产价格不断高涨。

日本怎么样呢？这四分之一个世纪，日本的经济没有增长，因此理论上房地产价格应该没有变化。但实际上价格是上蹿下跳。首先，平成的大泡沫结束后，全国的房地产价格开始下降。人们吵嚷着"土地神话破灭了"。

但是，自 2005 年左右起，以欧洲为中心的海外投机热钱开始涌入，疯狂抢购日本的房地产，导致了"房地产迷你泡沫"。后来，这场泡沫因次贷危机而破灭。如今又以异次元的货币宽松政策为基础，因遗产税对策和外国人的"爆买"，发生了只限于市中心局部地区的泡沫。

然而，二三线城市和郊外的下降趋势没有改变，因此从宏观角度来看，日本整体的房地产价格，应该算是下降了。

在这种时代，个人在日本国内投资房地产是相当危险的。即使购买高级公寓或普通住宅，空置的概率也很高，而且也无法期待房子本身会升值。

"工薪族房东"的成功概率

如今，世间依然在涌动着"房地产投资热"，甚至出现了"工薪族房东"等新词。可是，普通工薪族在日本国内投资房地产，成功的概率是多少呢？我推测是不足 1%。

比如，貌似投资用的单身公寓卖得很好，但是能否得到当初预计的收益呢？购买之初，可以退还所得税，所以感觉赚到了，但几年后房子有可能空着没人住。此外，竣工五年到十年后，很多地方房屋维修基金还会上涨。再加上新建商品房无法期待房子本身升值，卖掉的话，几乎都会产生转让损失。

为规避遗产税而买入板房〔3〕时，除非房子条件特别好，否则也会受空置度的困扰。

现在，东京和大阪市中心的家庭数量还在增加，但是今后应该会减少，对于住宅的需求也会越来越少。在经济不增长、人口减少的国家投资房地产，需要相当高的洞察力。

---

〔3〕板房（アパート）是轻量钢筋和木板造的房子，多为二层，隔音隔热效果较差，价格也相对便宜，有别于本书主要讨论的，以重型钢铁、钢筋混凝土架构兴建的三层以上的楼房。

喜欢随泡沫起舞的日本人

很多有过自住房的买卖、更换等貌似"房地产投资"经历的日本人，容易再次陷入"逐梦"幻想。所以房屋价格泡沫化后，往往会将普通人卷入其中。近年来日本人的特性，能够明显看到"喜欢随泡沫起舞"的倾向。这不是像黑心房地产公司那样，通过欺骗他人来赚钱。自己买的房子，比买的时候升值了几成或者几倍，就会让人"飘飘然"了。

经历过一次"飘飘然"，就还想再来一次。有人成功，也有人失败。在泡沫到来之前买入房产，可以体会到升值带来的"亢奋感"。但是，想要把利润拿到手，就必须卖掉房产。

投资家有好几处房产，可以进行"低买高卖"的投资行为。但是，用自住房这样做就有难度了。

即使成功地在便宜的时候买到手，如果在房价高的时候卖出，接下来住的房子也不得不高价买入。反过来也是一样，若是高价买入，低价卖出，接下来住的房子可以以低价买入。

有的购房指南提出"请每十年换一次房，创造自己的资产"，这对于普通人来说，无异于让他"后空翻"。

即使是专业的房地产中间商，也有很多辨别不出泡沫的高峰期。每一次泡沫破灭，大约有六成中间商消失。虽然偶尔能看到有人在下一个泡沫中复活，但数量极少。

连专家都很难做到的事情，普通人最好不要认为可以轻易成功。

不过，在普通的房地产投资者中，确实一定程度上存在着成功者。

"土地神话"的破灭

我们日本人的 DNA 里，的确刻有"土地神话"的烙印。

日本人是一个执着于"拥有土地"的民族。日语的"一生悬命"（一生懸命）（意为拼命努力）一词，（一所懸命）原本是写作"一所悬命"。

从平安时代到镰仓时代的过渡时期，与贵族、佛寺和神社无关的人，首次在日本史上获得了具有实质意义的土地法定所有权。土地一旦到手后，他们就无论如何不肯放手，要将其留给儿孙继承。镰仓时代这些小领主的想法是"把命悬在一块土地上"，也就形成了"一所悬命"一词。这个词语不知何时变成了"一生悬命"。对于日本人来说，土地的珍贵性降低也是原因之一。

总而言之，在日本，到平成泡沫破裂的 20 世纪 90 年代为止，只要拥有土地，年年价值都在升高。

想来这也是理所当然的，在那之前的日本，尽管有过波折，但经济始终一路高歌猛进。此外，人口也在增长，需要土地的人增多，经济规模扩大，因此土地利用价值升高，价格上涨也合乎情理。

然而如今，"土地神话"已经彻底破灭。

人口减少，经济不见增长，实质上是处于萎缩的状态，所以全日本的房地产价格都在下降。在局部经济泡沫中，上涨的正是"局部"有限地带。这种泡沫当然也会破灭。

即使这种现实摆在眼前，"土地神话"仍然存在于人们脑海中的某个地方。因此，明明看到市场泡沫化，很多人还是被无法用理论解释的冲动所驱使。

"我想要买房。"

为什么想买房？很多找我商量的人，自己也不明缘由。这种人的目的就是"购买"行为本身。

是为了自己？还是为了家人的幸福？它在人生中有怎样的意义？对于自己的工作有什么影响……在购买自住房时，应该在自己的心中弄清这些理由。

不过，日本人目前或许还是无法从"土地神话"的束缚和想要有一个家的幻想中摆脱出来。如果不从这个"土地神话 DNA"中解放出来，只要具备一定条件，日本人多半还是会被卷入经济泡沫之中。

第六章
美中不足的住宅——楼房

夏天没有空调的新村

在日本人的历史中，楼房是首次出现的高度密闭、高度隔热的住宅。

与迄今为止"夏凉冬冷"的日本木造房屋相比，钢筋混凝土建筑的楼房，无论是在所用的建筑材料，还是施工方法，乃至住宅设计上都截然不同。

首先，最重要的一点是它克服了"冬日的寒冷"。在楼房里度过的冬天，要比木造房屋暖和。

用于木造房屋的木材和土，几乎没有蓄热性。然而，楼房的主要建材混凝土就具备这一特性。

例如，冬日的白天，被温暖的阳光照耀着的混凝土会吸收热量。这些蓄积的热量在周围气温下降的夜晚就会被释放出来，由此，室内会多少温暖一些。然后，到了夜里，混凝土又被冷空气包围，早晨室内的空气也会变冷。木造房屋很难有这种功效。

用食器举例的话，木制汤碗中的大酱汤稍微热点，也可以用手拿，但用手触摸石锅拌饭的器皿的话，就很有可能被烫伤。木头不易吸收热量，而石头蓄热。混凝土的材质与石头接近，可以说是人造石头。

而且，更重要的是热量很难逃出去。

很多楼房都使用冷热空调，原则上禁止使用燃油暖风机等物品。空调不像燃油暖风机那样直接产生火苗，因此热起来需要时间。但是，高度密闭的楼房，一旦暖和起来，这股热气就不容易散去。因此总体来说可以比木造房屋住得更温暖舒适。

相反，到了夏天，混凝土吸收太阳热，而且还向周围散发热量，所以楼房内部热得苦不堪言。假设在没有空调的江户时代或更早的时期就有石头建造的住宅的话，夏天室内应该热得没法住人。

当然，如今有了空调这种优良产品，楼房的夏天舒适宜人。除了北海道和部分东北地区，夏天楼房里不开空调几乎是不可能的。至少在艳阳高照的中午，待在没有空调的楼房里，会有损健康。

现在，租赁型楼房几乎百分之百装有空调。没有空调的房子恐怕是找不到租户的。

然而，这种"理所当然安装空调"的情况，据我观察，是在20世纪80年代才固定下来，在此之前，很多租赁型楼房都"没有空调"。当然，买房的家庭，也并不是所有的都安装空调。而且，像现在这样所有房间都装空调的生活方式，其实是相当奢侈的。

原本制冷装置在一百年前就存在，但发展到价格亲民、可以随意购买的状态，还是最近的事。三十年以前，它的价格比大学生的第一个月工资还要高。能在儿童房间安装空调，应该只有非常富裕的家庭才能办到。

日本出现钢筋混凝土造的小区和商品房后的一段时间里，很多住户都在没有空调的情况下熬过夏季。这在今天看起来难以想象，却是半被遗忘的事实。

"夏天不用空调"的独特尝试

在安装空调已经是理所应当的当下，有一个有趣的开发商却推荐不用空调，尽量利用自然的凉风度夏。它就是总部在东京板桥区大山町的"REPLAN"。

首先，他们改善住宅内的通风，使夜晚的冷空气进入房间。为此，他们在住宅内留出风的通道，多使用拉门，在考虑到安全的同时，在玄关大门旁边也设置小窗户。到了早上，关上窗户，以防夜晚进来的冷空气出去和外面的热空气进来。

阳台是房间热气入口，可以在房檐和栏杆之间，用被称为"绿色窗帘"的藤蔓类植物覆盖。这样的话，就不会有阳光直射到房间内了。而且，形成绿色窗帘的植物叶子，还有蒸发水分、降低气温的作用。在炎热的夏季，进入森林能够感觉到空气凉爽，就是由于绿色叶子的蒸腾作用而产生的效果。由此可以防止阳台气温上升。

此外，住宅内尽量使用天然材料，如原木地板和硅藻泥墙壁。天然材料具有调节室内湿度的功能。湿度高时它们吸收水分，湿度低时散发水分。

他们想通过这些功能的组合搭配，阻止室内温度上升，创造一个尽量不依赖空调也能够生活的环境。

以这种理念建造的楼房被称为"生态村"（Eco Village），已经有超过十年的历史。它们主要分布在东武东上线沿线，但也扩展到了其他地区。

综上所述，也是存在想要利用自然的力量来克服楼房夏日特有的炎热的、值得信赖的企业。

停电的话连水也用不了

话虽如此，但在很多楼房中，利用空调度夏的情况仍然很常见。不过启动空调就需要用电。当然，日本全国各地的每个角落都架有电线，楼房用不了电是不可能的。

但是，电力供应并不是一直稳定。

2011 年 3 月 11 日发生的东日本大地震，还令人记忆犹新。当时，受灾地区的电力供应就被中断了。

发生了悲惨事故的福岛第一核电站就不必说了，当时全日本的核电站都停止了。在此之前，30% 的电力依靠核能发电，因此电力不足也不足为奇了。包括静冈县和山梨县在内的关东地区，也实行了短时间的有计划停电。

一旦停电，空调当然用不了。当时是 3 月份，或许还算幸运，即使不开暖空调，三个小时左右无论如何都还是可以忍受的。当然，当时是成片停电，不仅是楼房，木造的独栋住宅也停电。空调自不必说，石油或者煤气的暖风机也无法使用。据电视新闻报道，因为用不了电，燃油暖风机一时十分畅销。

其实，在楼房电力供应不上这个问题发生之前，还出现了一个比空调更加严峻的问题，直接令居民无法正常生活。

关东地区通过每三小时分区轮流停电计划渡过难关，而在受灾地区，二十四小时没有电力供应的状态却持续了好几天。有的地方甚至过了一周多才恢复正常。

电力供应不上，首先几乎所有的楼房都用不了自来水。因为楼房的上水道是电泵将水泵到楼上的。

用不了自来水，饮水和做饭自然很成问题，但是更麻烦的是不能冲厕所。

只要水管不破，一楼或许还能有水。只要将水装入水桶，提到自己的住处，再倒入厕所的水箱，冲厕所的功能就可以恢复。

但是，不通电，电梯就动不了。即使有电，因地震停止运转的电梯，也要由专业的技术人员进行安全确认后，才能运转。结果只能依靠居民的体力来渡过难关。这样老年人就无法在五六楼以上的楼房内生活，需要转移到避难所等地方。

我在调查"3·11"大地震的案例时还了解到，某座八层高的楼房幸亏准备了救灾帐篷，灾难发生时得以在小区内搭上帐篷，收纳高层居民，帮助他们度过了恢复电力供应前的艰难时日。

如果在塔楼公寓遭遇地震

在"3·11"大地震中停电的东北地区，楼房还不像首都圈、近畿圈以及中京圈那么多。

假设以东京为中心，发生了"3·11"大地震级别的地震，要停电好几天会怎么样呢？

特别是在东京，被称为"塔楼公寓"的二十层以上的超高层住宅楼仿佛是刺猬后背上的刺一样，接连不断拔地而起。这种楼房一般三楼以下是大厅和共用设施，住宅在四楼以上的居多。这就是说，发生地震的话，几乎所有居民都不能在自己家里生活。

或许有人会想，"没关系，我们楼有自动发电设备"。但实际上，仅凭这一点，还不能放下心来。

的确，"3·11"大地震后建的楼房，几乎都有备用的自动发电设备。而且，还备有启动发电装置的石油燃料。震灾前燃油储备量一般在二十四小时左右，最近的主流配置都是达到七十二小时以上。也就是说，停电后，自动发电装置可以运转三天。

但是，说到底这不过是手册上的一纸空文。

往平时不用的发电装置倒入重油，让其启动，产生的电力供应给紧急电梯和自来水泵，这种工作没有那么简单，不是谁都能做得来的。

当然，物业管理公司的员工或者常驻的管理员，应该接受过这种训练。不过，这种情况没有真正发生之前，谁也不知道会怎么样。

假设有一百栋楼房带有自动发电装置，那么这一百栋都能按照操作手册顺利启动发电装置吗？我觉得不可能。

此外，如前所述，重新启动因大地震而停运的电梯，需要有专业的技术人员进行安全检测。

发生大地震时，电梯的技术人员首先要去救那些被困的人们，这些也要花费好几天时间。安全检测等理所当然会被推到后面去。这样想来，就会发生"虽然启动了自动发电设备，但是电梯还是用不了"的事态。

没有电就无法生活

更何况，装有自动发电设备的楼房，从整体来看，只是一小部分。特别是在"3·11"震灾前建的楼房中，尤为罕见。而且，建到一半，再追加设备，施工费用会增多。实际上，很多地方对于是否引进发电设备犹豫不决。

这就是说，因地震而停电的区域，无论房子是买的还是租的，很多人都不能住在自己家里。

他们要么转移到避难所，要么像上述案例那样，在建筑物或者小区内的某个地方等上几天，直到重新来电为止。一楼大厅和会所也可能会改用为避难所。针对这种情况，可能也有业委会事先做好准备或者做过训练。但是，我采访过的地方，具有这种高度意识的业委会只是一小部分，大部分什么也没做过。特别是没有业委会的租赁型楼房，几乎所有地方都没有预想过如何应对紧急事态。

塔楼公寓林立的东京市中心和湾岸地区，能够准备出容纳所有居民待上好几天的避难所吗？塔楼公寓的人口密度相当高，仅靠周边的中小学和公共设施，地方应该还是不够的。

楼房原本是为了在有限的建筑基地内，创造出多套房屋而诞生的高效的集体住宅。尤其是塔楼公寓的居住形态，更将该地区的人口密度提升到了极致。

而且，东京市中心的塔楼公寓倾向于集中建在狭窄区域，这进一步提高了人口密度。

楼房由"电力"这个高度文明化的能量系统所支撑。日本人想当然地使用电力，但通电实际上才一百年左右历史。而且，想当然地住进楼房的状况差不多也就五十年而已。

如今对于日本人来说，"通电"的生活很普通，反而是无法想象没有电的情况。对于楼房的居民来说，电力是不可或缺的东西。

住在独栋住宅的话，即使停电，或许也可以不降低生活质量，挺过几天。就像没有电的时代一样，早上与太阳一同起床，傍晚太阳下山后，还可以依靠蜡烛，然后尽量早点睡觉也就是了。

但是，住在楼房的高层的话，没有电就无法生活。特别是夏天，就变得像兼好法师在《徒然草》中说的那样，"热的时候，密不透风的住宅令人难以忍受"。

电力停止供应这种事态，目前仅限于地震等自然灾害的时候发生，但今后也有可能在发生恐怖袭击的时候出现。

又多了一个由地震引发的担忧

经常有人问我，高层建筑不会因为地震倒掉吗？此外，还有很多人担心湾岸的填海造地的地基不好，问我："楼盖在这样的地方地震时会不会倾斜？"以及有这样的忧虑："如果填埋地液态化的话，就更麻烦了。"

我总是回答说："只要是按照《建筑基准法》设计并建造的房子，就没有问题。"关于液态化，我也告诉他们："仅仅因液态化，楼房本身是不可能倾斜或者倒塌的。"

在地基不牢固的地方盖楼，代表地基强度的系数N值要达到50以上才行。要将一定数量的桩子打入到有相当强的支撑层的深度为止，这是根据《建筑基准法施行令》第38条第3项的规定，用构造算式等计算出来的。按照这个标准施工，即使发生7级地震，建筑物也不会倾斜。实际上1995年阪神淡路大地震发生时，建在神户海面上的人工岛——港岛上的住宅楼就没有倾斜或者倒塌。

在阪神淡路大地震中，由于新抗震标准和旧抗震标准的不同，楼房的受灾程度也有所不同。按照新抗震标准建的楼房没有出现损坏到需要重建的案例。受损严重到需要重建的全都是按照旧抗震标准建的住宅楼。

另一方面，"3·11"大地震时，填海造地区域，如千叶县的新浦安和东京迪士尼所在地的舞滨，都发生了大范围的地基液态化。由于这个原因，没有实施地基改良工程的三井不动产出售的独栋住宅，因楼体倾斜损失巨大。

然而，林立在那片区域的住宅楼群却没有发现有倾斜现象，估计是按照《建筑基准法》建造的。不过，有好几处大楼的停车场，因为没有进行地基改良，也因液态化蒙受巨大损失。

2015年秋曝光的横滨的住宅楼倾斜事件，就是因为有几根支撑桩没有深入到N值50的支撑层而发生的。

这个事件中曝出了令人震惊的问题，那就是"支撑桩到达了N值50的支撑层"的数据伪造行为，而且这不是只有这个施工公司的现场负责人的个人行为，也不是个别事例，而是包含这个公司在内的整体打桩行业的一贯行为。

如果全国各地的各种楼盘在建设过程中都进行了"数据伪造"的话，那么这个国家里可能会有很多楼盘其实并没有达到1981年6月修订的《建筑基准法施行令》规定的新抗震标准。

这就是说，迄今为止宣称"是按照新抗震标准来做的所以没问题"的楼房安全神话，或许只不过是都市传说。

横滨的倾斜事件发生后，媒体的关注点转移到"如何重建"这一问题上，也可以窥见国土交通省想方设法阻止事态扩大的动作迹象。

"那个楼房的桩子是怎么回事？"

"如果有地震，大楼不会倾斜或倒塌吗？"

如果这种不安扩散开来，可能会产生恐慌，国土交通省怕的大概是这个。

然而事实是，其他技术人员和企业平时也在伪造数据。对这些事情视而不见、充耳不闻，只不过是在逃避问题而已。该调查的时候就应该好好调查，并采取必要的措施。

最糟糕的事态是，发生7级大地震时，本应达到新抗震标准的大楼却倾斜或者倒塌了。

尤其令人在意的是，在"3·11"大地震后需要大规模加固、维修的"中度破损"的大楼中，包含着本应在新抗震标准颁布后建成，即1982年以后完工的三四栋大楼。虽然事到如今也搞不清楚当初是怎么回事了，但是我认为关于这些大楼的打桩工程，都应该仔细调查一遍。

第七章
楼房有损日本人的健康吗?

钢筋混凝土怪物

在欧洲, 至少从古罗马时代起就有由砖块和木头建成的集体住宅。混凝土也是从罗马时代就开始使用, 但与钢筋和钢架一起用, 还是最近一百五十年左右的事情。

不用砖块、木头, 而主要采用钢筋混凝土的话, 高层建筑也可以很容易地建造起来。砖块建的房子最多到十层楼左右。日本国内的话, 即使三层建筑, 可能也抵御不了超过 5 级的地震。

1920 年制定的《市街地建筑物法施行令》的第 5 条第 1 项规定如下:

砖造建筑物、石造建筑物及木造建筑物高度不得超过 13 米，檐高不得超过 9 米，木骨砖造建筑物及木骨石造建筑物高度不得超过 8 米，檐高不得超过 5 米。

高度为 13 米的话，是四层楼高。关东大地震发生是在 1923 年。据说横滨的很多砖造建筑都倒塌了。此外，浅草六区的著名高层建筑凌云阁的倒塌，也导致了很多人丧生。这座建筑有十二层，十层以下是砖造建筑。从此以后，砖造建筑不耐震这件事在日本人中间就成为了一种共识。

因此就现实而言，在日本想要建高层集体住宅，要么必须用钢筋混凝土，要么必须用钢骨钢筋混凝土或者纯钢骨。

但是，几千年来，日本人都是以木造住宅为主生活至今。真正开始住在所谓的"混凝土箱子"的楼房里，最多也就这五十年。如此巨大的居住环境变化，到底对日本人的健康产生了怎样的影响呢？

夺走体温的建筑材料——混凝土

这里有几个让人在意的调查。

首先是由混凝土引发的"冷辐射压力"。

《混凝土住宅让人早死九年》（理音社）一书中，介绍了关于疲劳自觉症状的调查，调查对象是在木造校舍和混凝土造校舍工作的中小学教师。调查发现，在钢筋混凝土的校舍中工作的老师，感觉"困乏、疲倦""难以集中精力""身体不适"的居多。即使这个调查改变时间和地点，还是出现同样的结果。作家船濑俊介分析其原因是"冷辐射压力"，即混凝土的冷辐射夺走了身体的热量，导致免疫力下降。虽然不知道这个分析是否妥当，但是我认为不容忽视。

不过，这个调查是在学校的校舍里进行的，与楼房的住宅环境直接相比，或许有点难度。例如，校舍大多是铺冰冷的亚麻油毡地板，比起木质地板，身体更容易受凉。但住宅的话，只要不是纯水泥打造，地面上一般会铺上地板或地毯，因此可能不至于太冷。

楼房与过敏的关系

此外，还有研究指出钢筋混凝土住宅与过敏的关系。

东海大学医学部前讲师逢坂文夫与宝岛编辑部出

版的《恐怖的高层住宅》（宝岛社）一书中，介绍了这样一组数据：住在独栋住宅里的小学生过敏阳性反应是27.9%，而住在包含楼房在内的集体住宅的则高达46.2%。

我不是医学专家，不了解其中的确切原因。但据说比起木造房屋，钢筋混凝土住宅更容易孳生导致过敏的螨虫、霉菌。考虑到换气的问题就可以理解这一点。

与多为两层的木造房屋相比，钢筋混凝土造的楼房是平面结构。木造房屋的居室里一般有两面以上的窗户。而楼房的中间住户（被其他住户夹在中间的住户）基本上只有一面窗户，与外面空气接触的面很少，因此通风不如木造房屋顺畅。

此外，楼房越到高层风越大，因此开窗户的时间自然而然会缩短。通风不好，引发过敏的螨虫和霉菌就会容易繁殖，再加上钢筋混凝土住宅比起木造建筑密闭性高，隔热性好，对其更加有利。很多专家指出，即使是冬天，频繁使用暖空调，也会创造出易于螨虫等生活的环境。

开始在高层居住的日本人

楼房除了大量使用混凝土这一对人类不友好的材料

之外，还带来了在远离地面的地方定居的"高层生活"这一新生态。这种方式会给人类的健康带来怎样的影响呢？

不仅是东京和大阪，如今到了二三线城市也大量建造塔楼公寓的时代了。塔楼公寓通常是指二十层以上的超高层集体住宅。根据房地产经济研究所的调查，首都圈内超高层楼房的竣工套数的变化如图5所示。从此图可以发现，从2000年左右起，其竣工数量急剧增加。要是将这个时期作为塔楼普及化的起点的话，它还算是比较新的住宅形态。

东京市中心和湾岸地区已经遍地是塔楼公寓。

我时常想，世界其他发达国家的国民中，应该不会有像日本人这样乐意住在塔楼的人种吧。现在居然连郊外和村镇那些交通不太方便的地方也忽然盖起了塔楼。但这原本是在土地有限的市中心，为了多造些住宅而实施的有效手段。因此，我常说塔楼在市中心地区是"必要之恶"。

之所以说它是"恶"，首先是因为其外观。

或许有个人喜好原因，但塔楼公寓越高，外观看起来越丑陋。不过可能很多日本人并不这样想，所以这一建筑形态才增加了这么多。

图5　塔楼公寓竣工户数

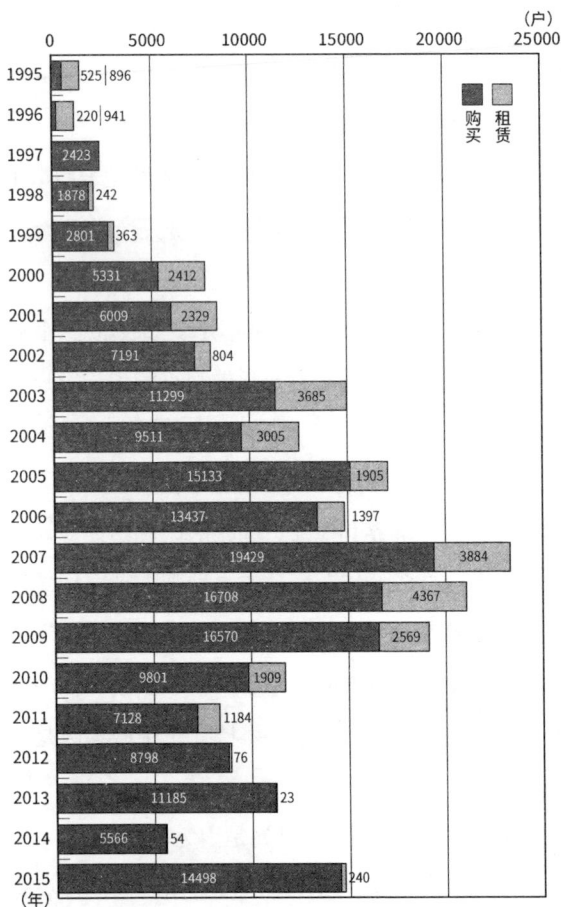

以首都圈的二十层以上的楼房为对象。
根据房地产经济研究所《房地产经济——房屋数据新闻》（2016 年 4 月 21 日）资料
制成。

154

在高层住宅育儿有危险吗?

1975 年以后，在英国，别说塔楼公寓，就连普通的高层住宅也很少建造。这是为什么呢？

据说查尔斯王子讨厌现代建筑，尤其反感超高层建筑，这在英国民众之间众所周知。他曾明确表示，超高层建筑"极为丑陋"。所以英国国民是顾虑到王子，才几乎不建造超高层建筑吗？当然不是这样。

事实上，这是因为 20 世纪 70 年代之前进行的多个研究，扩大了"在高层住宅养育孩子有危险"这种认识。如今这在欧美国家已经成为常识。例如，1977 年联合国教科文组织以儿童游戏权利为关注目标的咨询机构国际游戏协会（International Play Association，简称 IPA）制定的《儿童游戏权利宣言》中，有以下一段文字：

在反对建造高层住宅的同时，对已经住在那里的儿童，要采取适当的举措，尽量减少高层住宅给儿童成长和家庭生活带来的恶劣影响。

我们在好莱坞电影里可以看到，养育小孩的家庭一般都是住在郊外的独栋别墅。我从来没有在哪部影片里看到过在像曼哈顿的特朗普大楼那种高层楼房里养育小学生的设定。即使有，那也是屈指可数。也就是说，对于大多数美国人来说，"适合养育孩子的环境"应该是能欣赏到郊外优美风光的地方，是拥有河流、草原、球场的地方。

然而，日本好像不太一样，认为住在市中心或郊外的高层住宅养育孩子是"奇怪"或者"不适合孩子"的家长绝对是少数派。当然，与美国和欧洲相比，日本的住宅情况大不相同。这或许还有经济上的原因。

不过，欧美各国与日本的价值观的确也有所不同。有住在东京市中心的塔楼公寓的经济实力的话，应该在郊外买个带院子的独栋别墅也很轻松。

住在市中心，方便孩子上高水平的补习班，也容易考上分数高的名校。如果认为这对孩子有利的话，那么比起郊外的独栋别墅，还是住在市中心的楼房来得更方便。与低楼层相比，从高层看外面，视野更开阔，风景更优美，还能体会到优越感……

更进一步说，郊外的独栋别墅资产价值不稳定，市中心的塔楼好租也好卖。这是不争的事实。

但是，很多人都忽略了健康层面的问题。

到一百年前为止，大部分人类还没有把离地面三十米以上的地方当成日常生活的场所。三十年前，在离地面一百米以上的高处生活的日本人，应该是寥寥无几。

前面也提到过，超高层住宅是最近十几年才开始普及。它对健康有什么影响，还未可知。健康的大人姑且不论，儿童、老年人和孕妇住在高层，会受到什么影响，也还没有得出确切的结论。

顺便说一句，前面提到的逢坂文夫和宝岛编辑部出版的书中，记载着住的楼层越高，流产率越高的调查结果。

塔楼公寓潜在的健康问题

日本开始出现超高层住宅的 1981 年，日本建筑学会发表了一篇论文，标题是《超高层集体住宅居住者的居住环境与健康 2》，作者的名字是渡边圭子和山内宏太朗。论文的综述部分这样写道："居住环境的精神压力程度和身心健康有着相当密切的关系。"由此可以看出，我国也有在比较早的时期就担心在高层居住对健康产生不良影响的研究者。

医学研究者织田正昭在《高层住宅育儿的危险》（Metamor 出版社）一书中，也介绍了住在"高层（十四层以上）的儿童，在刷牙、漱口、打招呼、穿脱衣服等基本生活习惯的自理能力，比低层（五层以下）要低"的调查结果。他分析其原因是，"不方便外出的母亲和孩子总是形影不离，因此，母亲过度干涉眼前的孩子，导致孩子很难发展出自主行为"。

织田还指出，平时生活在高层里，无法培养出原本所有动物都应该天然具备的"恐高"感觉，出现了所谓的"不恐高症"。他描述了个人生活中的一桩见闻，有一只养在四楼房间里的猫从阳台上坠落死亡，他写道："我至今仍然认为那只猫是患上了不恐高症。"

他指出，猫本来擅长在高处行走，在围墙上如履平地。但是在禁止饲养宠物的楼房里，猫一定是二十四小时都被关在屋子里，或许正是因此没能培养出正常的恐高感觉。

另一方面，从新闻上可以看到，婴幼儿的坠楼事故接连不断。这是为什么呢？

蹒跚学步的婴儿，对于高处的危险还不具备健全的恐惧感，但到了幼儿期，他们会觉得"高的地方很可怕""可能会掉下去""摔下去会很痛"或者"可能会摔死"，这本是动物的本能。然而，是否有可能真的像织田指出的那样，出生时就住在高层的幼儿并不具备这种本能？

从接连不断的坠楼事故来看，或许孩子小的时候，还是远离高层比较好。

二十五楼以上心脏骤停患者的生还率为零

2016 年 1 月 18 日发行的加拿大医师会杂志 *CMAJ*（电子版）上发表了一个令人震撼的研究结果。

从 2007 年到 2012 年，该研究团队在多伦多等城市，以因心脏骤停而送医，并知道其居住楼层的 7842 人为对象，进行了调查。被送到医院的患者中，活着出院的比率：一、二楼为 4.2%（5998 人中 252 人），三楼以上的居民为 2.6%（1844 人中 48 人），其中十六楼以上的居民为 0.9%（216 人中 2 人），而二十五楼以上竟然为零（30 人中 0 人）。

楼层越高，救护人员赶到和搬送病人所需的时间就越长，因此影响生还率。虽然调查对象的人数不相同，不能一概而论，但是把高层的人救出来一定是比较花时间的。

最近，通过施加电击让心脏恢复正常律动的自动体外除颤器（AED）的普及非常迅速。除颤时间晚一分钟，生还率就降低 7% 到 10%，晚三到四分钟以上，心脏就无法输送血液，大脑就难以恢复。可以说是分秒必争的紧急状态。如果不在每个楼层都设置 AED，真正有需要的时候就起不了作用，再加上电梯可能不会马上到，住在高层就是有这样的风险。

塔楼公寓的楼层等级制度

2016 年秋播放的 TBS 电视剧《砂之塔：知道太多事情的邻居》，在塔楼公寓的居民中成为热议的话题。

"因为那个人住的是二楼……"

"把低楼层的人排除掉吧。"

在电视剧中，这种让人触目惊心的台词满天飞。

故事的舞台是一个会让人联想到东京江东区湾岸区域的丰州的地方。第一集中，主人公一家搬了进来。从门口大厅通向电梯大厅的走廊尽头，道路分为左右两条。一条到二十五楼以上，一条到二十四楼以下。在这里，向右转还是向左转，立刻就会分出等级，这就是该剧的设定。

实际上，为了防止过度拥挤，很多塔楼的电梯确实会按楼层分开设置。据说，居民们也为此产生了各种情绪。

我采访过的某位塔楼公寓的居民因为某些原因从三

十一楼搬到了三十三楼。据说那个楼房的电梯是在三十二楼分开的。那个人住在三十一楼的时候，在下到一楼的途中，有人进来时，她总是会在心中嘀咕："哎呀，这么弄不就迟到了吗？"或者："这不成了每站都停的列车了嘛。"可是，轮到自己住到三十三楼时，她的立场又变了，这次是自己中途要乘上从上面下来的电梯，她开始觉得自己"变得卑微了"。

楼房是楼层越高，卖的价格就越高。大概是"住在楼层、价格都高的地方"这一想法，提升了人们的满足感。

据塔楼公寓的居民说，比较自己与他人居住的楼层，很多时候确实会受到虚荣心的折磨。我周围有很多人就因为这个原因，得了神经衰弱或者卖掉房子搬了家。但也有人"完全不在乎那种事"。最终或许还是心态问题。

有这样一个调查。

2010 年 1 月，明治大学居住环境研究会发表的《丰州塔楼公寓问卷调查》结果显示，回答问卷的 306 户家庭中，中学毕业时的居住地为东京的，丈夫约有 70 人，妻子为 60 人。分别只有五分之一左右，大部分人都不是东京出身。

据我所知，湾岸塔楼公寓的居民多为在 IT 和金融、房地产行业的新兴产业就职的高薪阶层，大都是新移民，很多人是上学或者步入社会时，才移居到东京的。这与明治大学居住环境研究会的调查结果相符。

作为自己成功的标志，他们选择的是湾岸的塔楼公寓。而他们购买的楼房的"层数"，或许是将成功指标化了的东西。反过来说，"买不起"比这更高的楼层这一现状，也会深深地烙印在他们的内心。正因为如此，才会产生"楼层等级制度"，以及接受这个制度的心理土壤。事实上，居民的这种倾向很强。

电视剧《砂之塔：知道太多事情的邻居》中，住在顶楼的企划公司的社长夫人被设定为"妈妈中的大姐大"。她在幼儿园的"妈妈圈"中称霸，千方百计刁难菅野美穗饰演的主人公。而臣服于这位大姐大的高楼层的妈妈们，也瞧不起住在低楼层的妈妈们。电视剧的人设构思巧妙，人物关系也简单易懂。

因此，若是有人问我真有可能发生这种事情吗？我的回答是非常有可能，所以请当心。至少我从几位住在塔楼公寓的居民那里，听说过跟电视剧一样真实的故事。

综上所述，确实有人因为楼层等级制度而感受到了巨大的精神压力。超过一定程度的话，的确会对健康产生不好的影响。

第八章
为了开拓楼房的未来

成为社会问题的老旧楼房

如前所述，日本在 20 世纪 20 年代兴建的被称为同润会公寓的现代楼房风格的集体住宅，目前基本上一栋也不剩了。

我们将目光转向美国。

日本人熟知的伍尔沃斯大楼建于 1913 年，帝国大厦建于 1931 年。前者已经建了超过百年，后者也建了八十年以上。两者现在都在使用。民用的则有 1931 年建的世纪公寓住宅。这些都是钢框架建筑。

日本的楼房基本都是钢筋混凝土结构的。跟钢框架相比，混凝土的劣化程度尚难判明，但也应该把使用寿命设定为一百年来考虑未来。

日本早期的楼房热潮发生在 20 世纪 60 年代。现在这些楼房很多都已经盖了超过五十年，今后，五十年以上房龄的楼房将迅速增加，并只会有增无减。而且，还会陆续出现房龄六十年、七十年的楼房。这是我们无法逃避的未来。我们应该如何应对呢？

"那种楼房重建不就好了吗？"

我仿佛已经听到了这种声音。可是，事情没有那么简单。在现行法律制度下，这几乎是不可能解决的。

再过十年，楼房废墟将不断增加

根据国土交通省发表的资料（图 6），到 2016 年 10 月 1 日为止，实现重建的楼房的数量，即使包含准备重建的也只有二百五十二栋。

对此，图 7 显示的 2016 年"房龄在四十年以上"的楼房推测为五十六万套。假设一栋楼平均有五十户，那就是一千两百栋大楼。粗略地计算一下，房龄超过四十年以上的楼房中，有 2.25% 被重建或者正在被计划重建。剩下的 97.75% 怎么样了呢？

就现实而言，大部分楼房多半是连重建的计划都没

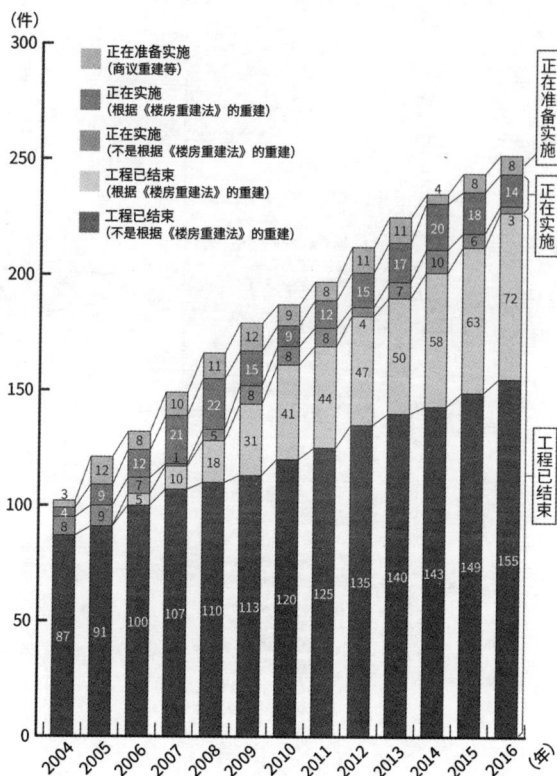

图6 楼房重建的实施状况

（注）1. 根据国土交通省调查的重建成果以及向地方公共团体咨询的栋数统计数据制成。

2. 阪神淡路大地震受灾楼房的重建（共计109栋）中，不包含因《楼房重建法》重建（1栋）的楼房。

3. 包含此次调查新发现的往年重建栋数。

4. 2004年、2005年是到2月末为止的栋数，2006年、2007年是到3月末，2008年以后是到4月1日为止的栋数。

根据国土交通省《楼房重建的实施状况（2016年4月1日）》资料制成

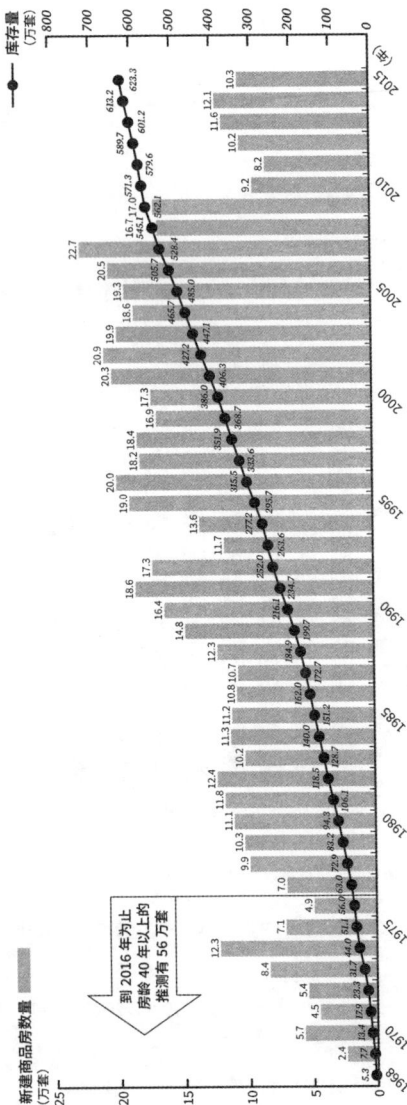

图 7　全国楼房库存量 2015 年末约 623 万套

根据国土交通省《楼房库存量》（2015 年末）制成

（注）1. 新建商品房数量是根据建筑施工统计推算的。
　　　2. 库存量是以累积的新建商品房数量为基础，推算出各年末的套数。
　　　3. 这里的楼房是指钢筋混凝土、钢筋钢框架混凝土或者钢框架构造的中高层（三层以上）楼房或者联排别墅。
　　　4. 根据 2010 年国势调查的每个家庭平均有 2.46 人为基础计算，楼房的居住人口约为 1530 万人。

166

有讨论过。

2015 年，某个电视台向我提出了一个奇妙的请求："我们想采访一下老旧得快要成为废墟的楼房，请您帮帮忙吧。"

其实，我也曾想过把这个问题作为采访的主题，所以正好顺水推舟答应了下来。我立刻与导演取得联系，并走访了首都圈即将变成废墟的住宅楼。

但是，我没有发现"已经成为废墟"的楼房，倒是发现了有的楼房"再过十年必定会成为废墟"。

在采访途中，有位社长的话令我印象深刻，他告诉了我好几处快要变成废墟的楼房。

"我们无法拯救快要变成废墟的楼房，能做的只有'静静地守护'而已。"

这位社长正是经营横滨 Sun You 公司的利根宏，他的公司从某些方面来看极为独特。

"我是十分不情愿地继承了父亲经营的楼房物业管理公司。"

委托这个公司管理业务的楼房，不知为何都集中在某个度假区。该区域的度假公寓楼在他接手的时候，已经老化得相当严重。

一段时间以后，他的物业管理公司已经半是"专门管理老化楼房"的公司了。

20 世纪 60 年代出售的楼房，很多都没有成立业主委员会，更别提制定管理规约了。当然，物业费等征收业务也很混乱，即使有拖欠也没人管。

到了这种地步，就无法向物业管理公司支付业务委托费，物业管理公司也就不得不停止没交物业费的楼房的管理业务。但是，作为管理业务中的重中之重的会计业务，还是必须有人来做。

利根宏的公司不知从何时起又从"专门管理老化楼房"的公司，变成了"专门处理业委会会计业务"的公司。

利根先生断言"救不了"，只能"静静地守护"——这就是老化楼房的命运。

不能重建的理由

为什么很多老化楼房不适用"重建"的救济政策呢？主要原因是重建的资金。

从"3·11"大地震的复兴事业启动前后，楼房的建筑成本就开始上涨。平均下来现在一套房的建筑成本在 2200 万日元左右。

如果老化楼房的所有住户都可以负担这个 2200 万日元成本的话，那就没有多大问题。

但现实中我没有听说过这种案例。

例如，重建一个共有五十户的楼房时，首先这五十户人家不可能都能准备出 2200 万日元的资金吧。

旧到要重建的楼房，房龄大都在三十年以上。即使当初的购房者有一半还健在，年龄也相当大了，很多人都是靠养老金生活。认为他们所有人都能负担得起 2200 万日元，有点不现实。

因此，进行普通的重建，首先资金上就不可能。

"五分之四赞成"的壁垒

另一方面，法律上的门槛也不低。

在上文提及的发生在横滨的楼房倾斜事件时，我曾解释过，为了进行重建，需要在业主大会上获得五分之四的业主赞成。这对于房龄在三十年以上的普通楼房业主委员会来说，可以说是比登天还难。

有的业委会甚至有超过五分之一的业主联系不上。当这种业委会提出重建的议案，在赞成和反对两种意见分歧很大的情况下，是不可能得到五分之四的赞成票的。

在协助前面提到的电视台的采访时，我也遇到这样一个案例。接受我们采访的业委会召开了关于重建的临时决议会议，议案却被彻底否决了。在这个大型住宅楼里，赞成派和反对派各自开设网页，不停地相互指责，就差诽谤和中伤了，简直是一场悲剧。

另一方面，虽然为数不多，但也有比较和睦地商讨重建，并成功完工的案例。根据前面提到的国土交通省的资料，到 2016 年 4 月 1 日为止，完成重建工程的楼房有二百二十七栋。

据推测，这些成功的案例，大都是业主不用负担建筑成本，即所有业主不用花一分钱，就可以获得和以前一样面积的新房。这种重建是按照商业计划进行的。

让重建变为可能的条件

为什么能做到这样呢？
使之成立的条件大致分为两种。

1. 房子位于对楼房需求高的地区。
2. 建筑基地的容积率有很大剩余。

满足这两个条件后，重建就比较容易进行。

因为重建后，除了原有数量的房屋外，还可以盖出很多新房。如果通过销售新房能赚回建筑成本，并有利润的话，就会有很多房地产开发商想要加入这样的商业计划。业委会甚至可以用招标的形式，让多家公司来竞价比较，择优录用。

不过，这样幸运的老旧楼房，恐怕连整体的 5% 都不到吧。

首先，郊外的老旧楼房几乎是不可能有这种待遇。因为郊外型楼房的需求已经大幅缩小。在郊外，即使开发新楼盘，大部分地区也会遭遇销售困境。

即便是建在市中心和有人气的地区的楼房，如果容积率没有剩余，也不能创造出新住户。如果要重建的话，就必须减少建筑总面积，拆毁现存的不符合标准的楼房。这种老旧楼房的重建，在现行法律制度下，是不可能实现的。

利根社长叹息说只能"静静地守护"，或许正是在感叹这一现状。

不符合现状的《区分所有法》

我再重复一遍，《区分所有法》是 1962 年制定的。

一般认为，当时起草这个法律的人，最多只想到五十户到一百户左右规模的楼房。但是，如今很多楼房已经达到几百户的规模。当时的起草人应该也没有想到全国房龄超过四十年的楼房增长到五十六万套的事态。

可以说，《区分所有法》已经不符合现状了。

因此，2002 年政府颁布了《关于楼房重建的圆滑化法案》（简称《楼房重建圆滑化法》）的新法律，并在 2014 年修订了其中部分内容。但这只是对部分手续进行了简化，《区分所有法》规范的基本形态没有大幅改变，基本上还是需要五分之四的业主同意。

这样下去，老化住宅楼就没有"出路"了。

另一方面，老化的租赁型楼房却还在不断重建。

就租赁型楼房而言，只要承租人搬出去，是否重建就取决于房东的意愿和资金能力。只要房东有意重建，就比较容易。如果是有居住需求的地段，建筑成本可以用土地来担保，从金融机构融资。如果房东是公共机构，那么资金层面上基本就没有问题。

典型的案例就是旧公团和公社的住宅区。住宅区的房屋主要不是用来出售，而是用来出租的。公团和公社有很多供出租的大楼，将这些地方作为临时住处提供给居民，退房也会进行得比较顺利。

20 世纪六七十年代建的公社、公团系的租赁社区，目前正在陆续被重建。也有些机构将土地卖给民间开发商，作为住宅楼开发、出售。

在住房不足的时代，公团和公社肩负着"大量供应"这一使命，既然使命已经结束，那么将老旧的租赁型楼房的土地卖给民间开发商，也算是顺应我国的住宅供应趋势而变。

然而，这个趋势存在很大的问题。

日趋严重的"物业费未缴纳"问题

为了继续维系楼房带给日本人的幸福，我们必须考虑老化楼房的"出路"。

未缴纳物业费的老化楼房必然会增加，这与业主的高龄化有很大的关系。

其中，业主还没有继承人就撒手人寰的情况现实中时有发生。这种住户的物业费是没法征收的。

延迟缴纳物业费，会影响到对物业管理公司的支付。得不到物业管理公司服务的楼房，将慢慢荒废下去，等待它的只有沦为贫民窟或废墟的命运。我们必须尽快找出应对策略。

对于如今的日本人来说，楼房这个新居住形态早已不在寻找增加供应的人口的时点，而是到了寻找终局出路的阶段。

楼房成为日本人居住的主流

今后，住在楼房里的日本人只会有增无减。

以平民住宅为例。相比用同样金额购买的新建楼房和木造独栋住宅，显然是楼房更宽敞、更宜居。在有空调的条件下，楼房夏凉冬暖。

很多人原本住在郊外的带庭院的独栋别墅里，但年龄大了，总觉得不方便。宽敞的房屋和庭园收拾起来也很麻烦，所以最近很多人都搬到车站附近的小户型楼房里。

以前有一种"住宅升迁图"游戏，起步从市中心的木造低层住宅开始住起，然后是公营出租房、近郊的小型楼房，最后是郊外带院子的独栋别墅。它表现出了团块世代乃至更早一辈人的理想换房模式。

但实际上郊外带院子的别墅不是"终点"，最近的倾向表明，"老夫妇换住到车站附近的小户型楼房"才是真正的终点。

这一现象象征性地说明了对老年人而言，比起带院子的别墅，住在楼房里"生活起来更方便"。也就是说，如今的日本人已经放弃了先祖们生活过的木造房屋的居住形态，朝向楼房进军。

如果是这样的话，那我们不就更应该深度思考"楼房"这个我们日本人不太熟悉的、诞生最多不过五十年左右的居住形态，并科学地研究它的各种利弊吗？

尽管如此，供给方的开发商和建筑公司，就连作为监管部门的国土交通省和厚生劳动省，也依然保持着追求"大量供给"时代的感觉，将对自己不利的事情全都置之不理，只顾一个劲儿地向前冲。

一百年后日本人还住楼房吗？

几千年来，日本人一直住在木造房屋里。真正开始住进钢筋混凝土的楼房里才五十年左右。

那么，一百年后日本人会住在什么样的房子里呢？是钢筋混凝土造的楼房，还是木造房屋，抑或是将两者融合起来的住宅呢？还是说，会有除了用钢筋混凝土以外的未知的新材料建的住宅呢？

如今成为楼房的主要建筑材料的钢筋混凝土，有"便宜、施工方便""坚固耐用"等多种优点，但在环境和健康方面也存在很多问题。

我期待在不久的将来，能够开发出去除钢筋混凝土的缺点，而且在价格和建筑工程的通用度上都更胜一筹的材料。

就像一百年前的日本人想象不到钢筋混凝土造的楼房一样，今天的我们或许也描绘不出一百年后的日本人的住宅样式。

此外，关于在高层居住的问题，对于成年人来说大体算是安全的，但对婴幼儿健康的影响方面，还有很多地方需要深究。

如前所述，有研究指出，高层居住者的流产率较高。因为还没有正式的追加验证实验，所以不能轻易地下结论。但是，居住在高层究竟对人体和健康有怎样的影响，是不是还需要各个领域进行更多的深度研究呢？

今后，日本人要想在楼房里幸福生活，需要不偏袒供给方的行业立场，重视从居住者视角出发的科学探索。

但是，应该承担这个角色的国土交通省和厚生劳动省，对于"钢筋混凝土"和"高层居住"这个可以称为楼房居住的主流形态的基本课题，恐怕并不热心，反倒能看到他们想要隐瞒问题的姿态。这不就是政府机关特有的"家丑不可外扬"或者"多一事不如少一事"的典型态度吗？我对此抱有很大的疑问。

对私有财产权的限制必不可少

租赁型楼房暂且不论，老化楼房之所以沦为贫民窟和废墟，与现行法律制度对于私有财产的过度保护脱不开干系。

就像人类的身体老化后，会发生动脉硬化、血流不畅一样，楼房老化后，管理运营上的各种机制也会失效。

楼房是一种容器，不是一种生物，它不可能拥有比住在那里的人们的健康和幸福更高的价值。楼房这一容器的存续，不可能优先于住在那里的人们的健康和幸福。

现行法律制度过于倾向于保护业主的权利，容许楼房失去它作为容器的功能，放任不怀好意的业委会主任的专横跋扈，保护比起公共利益更优先考虑个人利益的权利人，过度保护私有财产权。

要想与之抗衡，就应该修改《区分所有法》的内容，以应对出现黑心业委会主任的情况。具体来说，需要强化对委员、业委会主任的监督功能，加强运营的透明化。业委会主任的罢免机制也应该改为比现在更民主的方式。

此外，应该加强规定，强制驱逐作出"违反共同利益的行为"的人。而在现行的法律下，想要限制违反管理规约的业主的权利，程序太过繁琐。

听说目前的政府部门内，也有想要将《区分所有法》的"四分之三"的规定放宽为"三分之二"的动向。这一提案应该尽快落实。此外，还需要对不行使表决权的业主实行某种处罚。比如，可以考虑"连续五次以上不行使的表决权，可以从表决权总数中扣除，然后再判断表决事项"。这样可以降低现行的"四分之三"或者"五分之四"的门槛。

关于重建的"五分之四"规定，最好也放宽为"四分之三"。而且，也要明确反对者不退房时的应对措施，简化程序。"虽然也尊重少数人的意见，但必须遵从经过正式手续决定的事项"，有了这个原则，民主主义才能发挥作用。脱离这个精神去保护少数人的权利，就是过度保护。

楼房是集体住宅。业委会是共同体。国民不遵守国会上通过的法律，就会受到处罚。楼房管理也应该彻底贯彻这个原则。

楼房的"管理"与"政治"如出一辙

据说，在正式宴会上，谈论政治和宗教的话题是禁忌，这是美国人的礼仪常识。

不过，作为社会人，"完全不关心政治"多少让人觉得有点不对劲。"没去投过票"也不是什么值得骄傲的事情。

把政治换作楼房，就是"虽然交了物业费，但对管理没兴趣"，并且"既没去过业主大会，也没提交过委托书"。作为共同体的一员，这些举动都不值得称道。

民主国家的国民有参政权，选了一个奇怪的政治家，吃亏的也是国民。我们日本人对于这一点，应该有更深刻的体会。

楼房也是同理。如果不参加业主委员会的活动，对事务完全漠不关心，不参加业主大会，也不递交委托书，导致出现几亿日元的房屋维修基金被贪污、当事人消失得无影无踪的事态，也需要由每一个业主自己承担结果。说到底，受害的还是业主。

成为楼房的业主，意味着不是这个楼房的客人，而是变成共同体内有责任的一员。

日本人今后想要适应"区分所有"的文化，让其有效发挥作用，或许需要对待"民主主义"这一政治机制的成熟态度。我们也应该察觉到楼房的"管理"就是"政治"这个简明的事实。

尾声
两栋楼房的奇迹

关于"日本人与楼房"这个话题，我已经写了很多，对它的阴暗面和问题点或许说得太多了。我认为一般来说，楼房必须是让日本人获得幸福的新型住宅形态。

因此在最后，我介绍两个在日本通过楼房这一新的住宅形态获得幸福的案例。租赁型楼房和普通住宅楼各一。对于我们日本人来说，这两个案例都能让我们强烈认识到"楼房"这种住宅形态是能够成为给人"带来幸福的存在"。

泽田公寓的幸福形态

从 JR（日本铁路）高知站向北开车大约十分钟，有一个叫"蓟野"的地方。"蓟野"这个地名，不是高知本地人，估计读不上来。它读作"AZOUNO"。

JR 四国土赞线上有一个蓟野站。白天电车大概一个小时来两趟。离 JR 高知车站一站距离。铁路迷或许会喜欢这个车站，因为去往高知的电车，是在面向高知的右侧线路和站台上发车，与普通线路相反。我虽说没有乘遍日本国内所有的电车，但"右侧通行"的铁路还是第一次见，稍稍有点困惑。

这趟电车有时只有一节车厢。车站也是无人车站，而且车上只有一个司机。蓟野就是这么一个悠然自得的地方。

但就是在这样的蓟野，有一座在某一方面堪称"世界第一"的住宅楼。

要说是什么意义上的世界第一呢？那就是这座总户数约为七十户的、坚固的钢筋混凝土住宅楼，是由一对夫妇自己亲手建起来的。

这对夫妇既不是有学艺经验的木匠，也不是受过专门教育的建筑师。虽然在"建造房屋"方面有着丰富的

图8　泽田公寓

（作者拍摄）

经验和知识，但说到底还是外行人。就是这样的夫妻俩，经过长年累月的努力，建起了一座高五层、约七十户的"泽田公寓"。这种建筑恐怕在世界的任何地方都绝无仅有。从这种意义来讲，它就是"世界第一"。

关于"泽田公寓"的故事已经有《泽田公寓物语》（古庄弘枝著、讲谈社＋α文库）和《泽田公寓的冒险》（加贺谷哲朗著、筑摩文库）两部优秀的作品了。想要了解详细内容的读者可以自行翻阅。顺便说一句，遗憾的是，泽田嘉农先生已于2003年去世。

迄今为止，包括电视台在内的各大媒体都采访过这座大楼。女主人裕江女士有点不耐烦地说，"已经播放过二十六次了"，而且"每一家都重复着同样的提问"。想来也是如此。

所谓的电视台，可以说每一家的采访都是强人所难又自我中心。想到她接受了二十六次这种采访，我不禁对她的忍耐力心生敬佩。裕江女士说道："所以现在我都拒绝啦。"

借采访裕江女士的机会，我提前一天使用泽田公寓的住宿预约系统，住进了楼房。房间大小目测约有二十五平方米左右，配有厨房、洗澡间、卫生间等设施。虽然部分物件略显老旧，但所有的东西都功能正常，用起来很惬意，可见经营这个"住宿专用房间"的泽田家的人在管理上很用心。

泽田公寓已经相当有年头了。

泽田嘉农先生和裕江女士是从 1971 年开始兴建此楼，两年后完成了现在的泽田公寓的雏形。他们完全不用工程机械，是真正意义上的"手工制作"，想到这一点，不得不说建造速度是惊人的。

在建设期间，嘉农先生和裕江女士一年三百六十五天几乎不休息。特别是嘉农先生，天亮的时候动工，天黑了还要拼命思考第二天的工作。因此，泽田公寓没有设计图。设计图就在嘉农先生的脑海里。

步入 21 世纪后，曾有在东京学习建筑的研究生被泽田公寓的魅力所折服，在写硕士论文时将其作为案例，还制作了实测图。前面提到的《泽田公寓的冒险》就详细讲述了这一过程。

用房地产术语来表述的话，泽田公寓的房龄是四十四年。

这一建筑物的确让人联想到四十多年的沧桑时光。更进一步说，它与由建筑师画图、建筑公司施工完成的建筑物相比，格调明显不同。公共走廊没有笔直地延伸，柱子的位置也没有排在一条直线上。从外观来看，东侧和西侧有很多地方不一样。

有趣的是，所有住户的玄关大门的材质都不同。我住的住宿专用房间，大门的造型做成类似木头拉门的样式。有的住宅大门是旧办公室用的铝合金门。前面提到的《泽田公寓物语》一书中这样写道：

所有房间都要不一样……这是从建造之初就刻意为之的设计。

要想提高建房效率，像其他楼房一样，把房间分成几种统一样式，是最轻松的。但是，泽田公寓却没有这么做。大量生产同种样式的房间，"就像生产硬币一样，我不喜欢"。因为"那就好比鸡窝笼子，太没情趣了。

首先就让人感受不到自由的精神"。对于泽田夫妇来说，有比效率和功效更重要的东西。

看着这栋楼房，加上住了一晚，更进一步观察了居住环境，我感受到了两点。

首先，它具有安全感。

这楼房绝对称不上漂亮。但是看起来非常坚固，即使真正的建筑师也会敬佩它"固若金汤"。四十四年来，想必也挺过地震或台风。然而，它依然具备一种安全感，让人觉得这座楼即使受点损伤也不会太要紧。

其次是它非常有"烟火味"。

比如，公共走廊里放着各种杂物。有平时不用的生活用品，以及近期不得不作为大型垃圾扔掉的各类物品。但神奇的是，你不会觉得脏，因为那里洋溢着一种明显有人居住的"人间烟火味"。这并不让人觉得不愉快，反而有种"啊，有人住着呢"的感觉。

它与本书介绍过的电影《东京物语》里出现的纪子居住的同润会公寓的气氛很像，也与 1975 年之前的平民区里经常能看到的大杂院的风景很类似。

这个泽田公寓有很多粉丝。在某种意义上，是"圣地"一样的存在。据说为了能住进这里，还有人特地迁到高知市，也有人在楼内反复搬来搬去，还有很多人搬出去后又搬回来了。

在住在楼里的两天里，我看到过好几个中小学生。这里有的住家是可以吃饭的饭店，有的像是卖东西的店铺，还有的房间被用作了钢琴教室。

能否申请到入住，还要看人。这里有时还会收到市政府的委托，让逃离家庭暴力的母子居住。

它给我的感觉好像经典落语故事里面出现的胡同大杂院，既能享受到聚居的快乐，又会感受到聚居的麻烦，泽田公寓就是这样两者兼具的地方。

这座楼房已经很旧了，但今后即使再过几十年，它可能也会继续保持着这样的形态。泽田嘉农先生已过世，如今是女主人裕江女士的时代。他们的三个女儿和女婿都很好地继承了泽田公寓的运营方式和自我建筑能力。裕江女士的孙子辈中也有几个人做建筑类的工作，或者正在上与建筑相关的学校。

无论是进行维修，还是扩建房屋，花费的都只有材料钱。所有事都可以自己动手解决，这不是比什么都强吗？

人们在这栋住宅楼中找到了生活的乐趣。我去拜访的时候，房间已经满了。据说这里只是在次贷危机后一段时间出现了空房，其余时间都是满员。

无论是对泽田家的人，还是对入住者来说，泽田公寓都给他们带来了"幸福"。因住在那里而感到幸福的大有人在，这就是最好的证明。

白金塔的挑战

前面说过楼房管理在某种意义上是政治，适用民主主义的规则。民主主义若能很好地发挥作用，会是一个很棒的管理机制。我们不在这里讨论日本的民主主义是否在充分发挥作用，但是我知道确实有一座有效发挥民主主义功能的住宅楼。

那就是位于东京都港区白金一丁目的白金塔高级公寓楼。从地铁南北线、都营三田线的白金高轮车站步行一分钟就能抵达那里。这座楼在地表建有四十二层，共计五百八十一套房，2005 年竣工，已经建成十多年了。

这里的业委会法人有明确的理想和目标，那就是以建后三十年（2035 年）的时点为目标，"精心管理，将公寓楼打造成复古式大楼"。

为此他们做了些什么呢？如下事项让人一目了然。

首先是加强财务管理。为了能在必要时进行维修工程，必须积攒到足够的房屋维修基金。目前，业主委员会的"资产"——房屋维修基金余额已经超过了 18 亿日元。

其次，为了增加业主委员会的收入，他们有效地利用了公寓内丰富的共用设施。白金塔是包含商业设施在内的综合开发体，因此租给外来人员的按时收费停车场的收入很多。他们还采取了对外出租活动室的措施，以提高房屋使用率。

他们还有其他住宅楼所没有的独特举措，那就是正在计划构筑"塔楼公寓型地区统一护理机制"（图9）。首先，在楼房内构筑面向高龄者的白日陪护和居家护理、看护等应援机制。健身房也兼用作康复中心，在采取预防介护对策的同时，还将完善医疗、看护和陪护，乃至"居家临终"的应援机制。

在某种意义上，这是针对厚生劳动省推行的"居家疗养"和"居家临终"的对策。高龄化的加剧，导致医院的病床紧张。厚生劳动省的方针是"能够居家疗养的就居家"。比起住院，很多高龄者本身也希望在自己家里疗养。白金塔业主委员会法人试图打造的"塔楼公寓型地区统一护理机制"是顺应时代的产物。

这个护理机制发展到一定程度后，想入住白金塔的人势必会增加。相关人士都知道，如今白金塔的业主委员会法人也在积极发挥作用，将楼房管理得非常好。这种新举措被媒体多次报道，使这座楼房更加声名远扬，

图9 塔楼公寓型地区统一护理机制

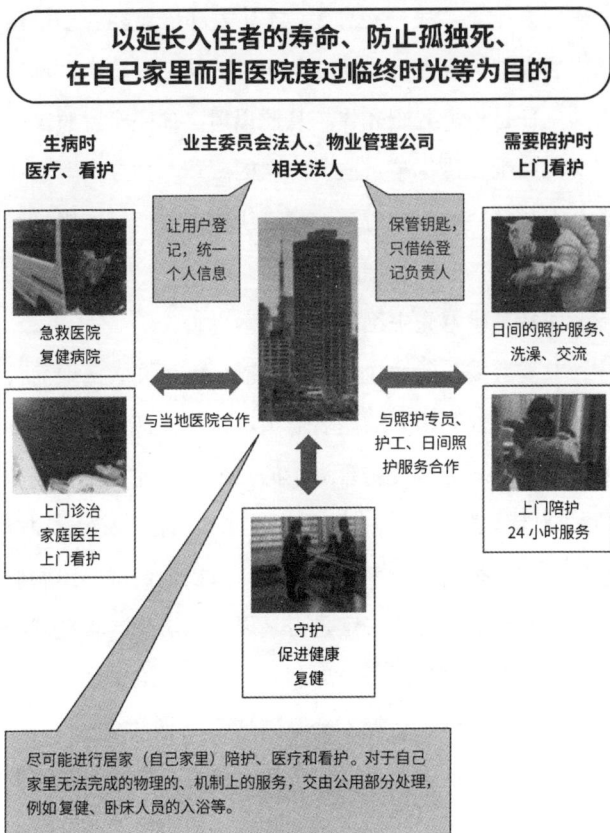

以延长入住者的寿命、防止孤独死、
在自己家里而非医院度过临终时光等为目的

| 生病时
医疗、看护 | 业主委员会法人、物业管理公司
相关法人 | 需要陪护时
上门看护 |

让用户登记，统一个人信息

保管钥匙，只借给登记负责人

急救医院
复健病院

日间的照护服务、
洗澡、交流

与当地医院合作

与照护专员、
护工、日间照
护服务合作

上门诊治
家庭医生
上门看护

上门陪护
24 小时服务

守护
促进健康
复健

尽可能进行居家（自己家里）陪护、医疗和看护。对于自己
家里无法完成的物理的、机制上的服务，交由公用部分处理，
例如复健、卧床人员的入浴等。

摘自白金塔业主委员会法人提供的资料

真正开始走向"复古公寓"之路。

不过，这个白金塔的业委会法人也不是从开始就像
现在一样发挥作用。用政治术语表述的话，最初的五年

左右，业委会可以说是处于"停滞"状态。直到因为某个事件发生了"民主革命"，才让大部分业委会委员从原先的土地拥有者换成新的购房者。从新委员中被选出来的主任是星野芳昭先生。从此以后，他完全遵照民主主义的原则，进行了一次又一次的改革。如今，普通业委会很难解决的四分之三的特别决议，他们都能轻松搞定，并且每年修改管理规约。

而且，星野先生绝对不是独裁者。

业委会委员的数量从十八人减少到了九人，取而代之的是从外部聘请到的两名监事。这两位都是经验丰富的商业人士，拥有楼房管理士的资格证，而且确实在做"监事"应该做的"监查"工作。例如，在选定委员时，监事要对选举是否公平发表意见，每次他们都要出席业委会，看看业委会的决定是否是以法律法规、管理规约为依据，有时言辞还相当犀利。据说为了维护公平，每年业委会的年终聚会都不会邀请这两位监事参加。

在大多数业委会里，监事形同虚设，基本上只能发挥一名普通委员的作用。与此相比，白金塔业委会法人的"监事"非常负责。

有人会问，那委员们是否每天都在为业委会的事操劳，甚至影响到本职工作了呢？其实不然。业委会每月召开一次会议，每次用不上两个小时。几乎所有需要执行的业务都交给物业管理公司处理，业委会的方针是只做业委会主任或委员必须做的事情。星野先生本职工作是经营顾问，每天也都非常忙碌。

最初的物业管理公司也在星野就任主任时被换掉了。2011年更换的物业管理公司，由于有星野先生这些优秀人士组成的业主委员会法人在认真"管理"业务，也不敢怠慢。这家物业管理公司的精英级所长和经理还因此常驻在这座公寓里。

白金塔的业主委员会法人正是利用高效发挥作用的民主主义机制，保障了居住者和业主的安全、舒适的日常生活，提高了其资产价值。白金塔的成功案例，对于今后全日本的业主委员会而言，应该都是一个想要达到的理想形态。

民主主义并非绝对理想的形态，但是，依照不同的做法，也有可以在现实中切实地发挥作用的情况。看到白金塔业委会法人时，我感到一种无以言表的舒适感。

后　记

买房让日本人变得幸福。

不过，这种幸福不是唾手可得的。要想从"楼房"这种居住形态中获得幸福，就需要普通住宅楼的每一位业主和租赁型楼房的每一位房东，具备相应的财力和劳力。

长篇赘述至此，得到的却只是如上的平凡结论。尽管我从一开始就预见到了这个结果，然而，这一思索之旅对于我们重新思考、理解楼房这一居住形态，以及在此基础上考虑各种问题的解决之道，多少会有所帮助。

楼房这一物件革命性地改变了日本人的生活方式。在今后很长一段时间里，它都将是日本人生活的主要居住形态。能借此机会发表一些拙见，对我来说真是非常幸运。

最后谨向让一度被尘封的这个企划重见天日并出版问世的集英社的细川绫子女士和西潟龙彦先生表示由衷的感谢。

※ 本书部分内容是以作者在《夕刊富士》（产经新闻社）上连载的《真心不想透露的房地产行业的秘密》专栏文章为基础，经扩充、修订而成。

MANSION WA NIHONJIN WO SHIAWASE NI SURUKA by Atsushi Sakaki
Copyright © Atsushi Sakaki 2017
All rights reserved.
First published in Japan in 2017 by SHUEISHA Inc., Tokyo.
This Simplified Chinese edition published by arrangement with
SHUEISHA Inc., Tokyo in care of Tuttle-Mori Agency, Inc., Tokyo

图字：09 - 2021 - 595 号

图书在版编目(CIP)数据

买房让日本人幸福了吗?／(日)榊淳司著；木兰
译.—上海：上海译文出版社,2022.6
（译文坐标）
ISBN 978 - 7 - 5327 - 8999 - 3

Ⅰ.①买… Ⅱ.①榊… ②木… Ⅲ.①房地产投资-
日本 Ⅳ.①F299.313.3

中国版本图书馆 CIP 数据核字(2022)第 071319 号

买房让日本人幸福了吗?
[日]榊淳司 著 木 兰 译
责任编辑/张吉人 薛 倩 装帧设计/张擎天

上海译文出版社有限公司出版、发行
网址：www.yiwen.com.cn
201101 上海市闵行区号景路 159 弄 B 座
启东市人民印刷有限公司印刷

开本 787×1092 1/32 印张 6.25 插页 2 字数 72,000
2022 年 8 月第 1 版 2022 年 8 月第 1 次印刷
印数:0,001—8,000 册

ISBN 978 - 7 - 5327 - 8999 - 3/ F · 231
定价:38.00 元